BASES

DE

L'ART DU CHANT

Traité théorique et pratique et Guide spécial
à l'usage des jeunes Chanteurs et des Amateurs.

BRUXELLES. — IMP. DE TH. LESIGNE,
rue de la Charité, 10.

BASES

DE

L'ART DU CHANT

TRAITÉ THÉORIQUE ET PRATIQUE

ET GUIDE SPÉCIAL

A L'USAGE DES JEUNES CHANTEURS ET DES AMATEURS

PAR

L.-A. HOLTZEM,

ARTISTE LYRIQUE

LAURÉAT DU CONSERVATOIRE IMPÉRIAL DE MUSIQUE DE PARIS.

« Je plie et relève la tête
« S'il est des jours amers, il en est de si doux !
« Hélas ! quel miel jamais n'a laissé de dégoûts ?
« Quelle mer n'a point de tempête ? »
ANDRÉ CHÉNIER.

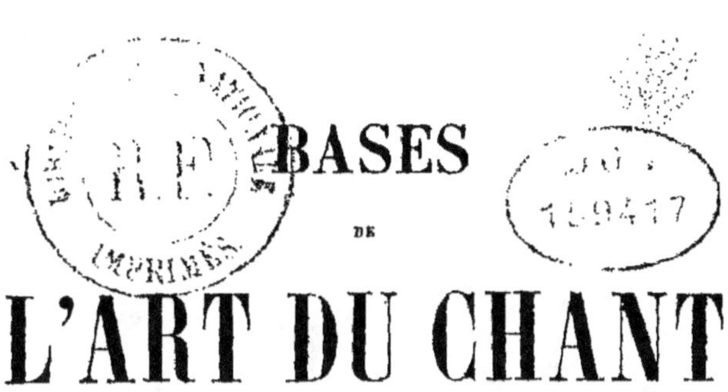

PARIS,

CHEZ GIROD, ÉDITEUR DE MUSIQUE,
BOULEVARD MONTMARTRE, 14,
ET CHEZ TOUS LES ÉDITEURS DE MUSIQUE DE FRANCE, ET DE L'ÉTRANGER.

1865

À M. le Chevalier Louis de Rauville.

∽∞∽

Cher Protecteur, cher Maître, et Ami,

Permettez-moi de vous offrir la dédicace de ce livre, comme un humble tribut de ma sincère et profonde reconnaissance. C'est le premier travail que je publie, et ce sera peut-être le dernier : l'avenir ne nous appartient pas.

Si je suis parvenu à recueillir les connaissances voulues, pour oser fixer un instant sur moi l'attention publique, je le déclare avec *bonheur, c'est à vous, à vous seul, que je le dois. Grâce à votre bienveillance, à votre appui, j'ai pu devenir artiste; grâce à vos savantes leçons et vos bons conseils, je me suis créé une carrière sinon brillante, autant que vous étiez en droit de l'espérer, du moins honorable. J'étais enfant de chœur; vous m'entendîtes chanter, ma voix d'enfant vous fit plaisir à l'église, et n'écoutant que vos généreux instincts, vous vous intéressâtes à moi. Ainsi que bien d'autres, j'ai débuté par la Maison du Seigneur : la Providence a béni mes premiers pas, puisqu'ils m'ont conduit vers la main amie que vous me tendiez.*

Jamais je n'oublierai combien je vous ai occasionné de travail et de peines, pour m'enseigner les notions élémentaires de l'harmonie, ni les sacrifices que vous vous imposâtes pour me donner les professeurs les plus distingués du Conservatoire de Paris, afin de faire de moi ce que je suis devenu.

Ces pages sont un bien faible témoignage sans doute, en raison de la dette sacrée que j'ai con-

tractée vis-à-vis de vous, mon cher Protecteur, dette dont je ne pourrai jamais m'acquitter; mais la reconnaissance en fait tout le prix, et je ferais violence au plus pur des sentiments qui animent mon cœur, si je ne venais humblement déposer entre vos mains, la première fleur de l'arbuste que vous avez daigné cultiver avec une bonté aussi grande, que cordiale et sympathique.

Votre bien affectionné,

L.-A. Holtzem.

20 mars 1865.

AVERTISSEMENT DE L'AUTEUR.

« La foi est un instinct, et le génie
pressent l'avenir sans en deviner la
marche mystérieuse. »

« Il ne faut pas croire que la richesse
intellectuelle n'ait pour atelier que les
universités et les académies, dit Jules
Simon, dans son magnifique et dernier
ouvrage; elle se produit même dans les
plus humbles écoles. Ce qu'on fait dans les

académies, c'est la science ; ce qu'on enseigne dans les universités, c'est la science déjà faite ; et ce que l'on enseigne dans les écoles primaires, c'est d'acquérir la science déjà faite et de concourir à faire la science. »

Le savant langage de Jules Simon est applicable à la science musicale aussi bien qu'à tout autre. Dans les conservatoires on fait de la science, dans les théâtres ou les concerts on applique la science déjà faite, dans les cours préliminaires on doit chercher à acquérir cette science et autant que possible concourir à en faire.

Donc, en publiant ce livre, mon but est de faire connaître aux jeunes artistes le travail élémentaire de la voix. J'ai consulté la plupart des ouvrages qui ont traité ce sujet, et j'ai constaté, à regret, que presque tous les auteurs ont déterminé le côté faible de l'enseignement musical, sans indiquer les moyens à employer pour y porter remède. Il y avait dès lors une lacune à combler, et je me suis efforcé de la combler en développant ces moyens. On a omis de le faire jusqu'à présent dans les méthodes les plus répandues, et même dans les publications, auxquelles on a cependant donné le titre pompeux de *Théories complètes du Chant*, et autres encore. Tous ces ouvrages sont peut-être très-élégants de style ; mais à coup sûr ils sont dénués de fond, au point de vue de l'art, et de la musique.

Bien que les différentes parties de ce travail semblent devoir, l'une aussi bien que l'autre, présenter un intérêt réel pour le chanteur, et, nonobstant l'étroite connexité qui existe entre elles, par la nature même du sujet, je crois devoir recommander à l'attention particulière de mes lecteurs, le paragraphe III intitulé : *Bases de l'Art du Chant;* car pour ceux qui veulent se livrer à une étude sérieuse et approfondie de cet art, tout mon livre est là.

J'ai résumé dans ce troisième paragraphe mon idée toute entière, et tout ce que je désire enseigner comme chant. Les autres paragraphes ne font qu'encadrer ce point essentiel de mon livre. Ils renferment cependant des considérations générales, également très-utiles, et un enchaînement d'idées, dont la corrélation intime concourt puissamment à l'unité, à l'ensemble et au développement de l'œuvre.

J'ai divisé mon ouvrage en six paragraphes, savoir : 1° Nécessité d'être musicien pour devenir chanteur; 2° Choix d'un professeur; 3° Bases de l'Art du Chant; 4° Causes de la décadence de l'art; 5° Revers de la médaille, ou résumé de certaines tribulations artistiques; 6° Conclusion.

Tel est le programme que je vais essayer de remplir; la tâche est difficile, mais le but est louable, et la plus belle récompense que j'ambitionne, c'est de savoir, si j'ai pu l'atteindre.

J'espère que le public et la presse, dont j'invoque l'indulgence et l'impartialité, voudront bien le dire. Tout en effaçant ici jusqu'au moindre vestige de parallèle, je fonde cependant mon espoir sur les quelques paroles suivantes, tombées récemment d'une plume bien savante, et bien auguste : « Le succès des hommes supérieurs, et c'est une pensée consolante, tient plutôt à l'élévation de leurs sentiments qu'aux spéculations de l'égoïsme et de la ruse ; ce succès dépend bien plutôt de leur habileté à profiter des circonstances, que de cette présomption assez aveugle pour se croire capable de faire naître des événements, qui sont dans la main de Dieu seul !... »

QUELQUES MOTS D'INTRODUCTION.

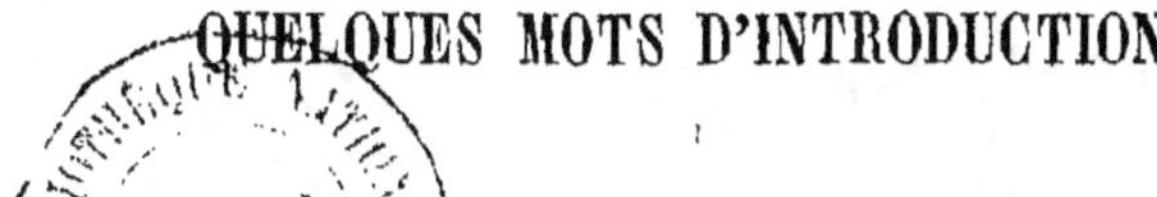

Depuis une dizaine d'années, l'Art du Chant est entré, plus que jamais, dans une période de décadence, dont on peut chaque jour apprécier les désastreux effets. Il faut particulièrement en attribuer la cause aux systèmes vicieux mis en pratique par de prétendus professeurs, qui s'appuient sur un impudent charlatanisme pour mieux masquer leur ignorance. En présence du regrettable développement de principes subversifs en matière de chant, je me suis dit un jour : Pourquoi ne pas essayer de prémunir, contre les dangers d'une routine aussi pernicieuse, ceux qui veulent se livrer à l'étude du chant?

La liberté des théâtres, décrétée en France, à une époque toute récente, va infailliblement augmenter, dans de vastes proportions, le nombre des élèves, et ne manquera pas de faire surgir, d'une manière toute relative, la quantité de ces croque-notes qui n'ont du professeur de chant que le nom. Ce livre pourra donc, à défaut d'autre mérite, avoir au moins celui de l'actualité.

Parmi les artistes lyriques, mes cama-

rades, il y en aura, je ne puis en douter,
car je sais malheureusement combien au
théâtre la charité fraternelle est peu mise
en pratique, il y en aura, dis-je, qui vont
étrangement interpréter mon langage et
mes intentions; mais ce n'est pas pour cette
catégorie de camarades, que ma plume, peu
exercée, a cherché à surmonter bien des
difficultés, dans le but de résumer ici quelques conseils, dictés par une loyale sincérité, d'après les résultats d'une pénible
expérience. Ils peuvent donc s'écrier, et ils
le feront, telle est ma conviction : « C'est
bien osé à lui, qui occupe seulement un
rang modeste, dans la carrière artistique,
de prétendre en enseigner aux autres... »

Que voulez-vous, leur répondrai-je, je
suis de cette force-là, et le dépit ne portera
aucune atteinte au désir qui m'anime, de

chercher à rendre service aux jeunes artistes, qui, à travers le prisme de l'espérance, entrevoient un heureux avenir. Faut-il donc avoir une autorité si grande, pour se faire l'écho de ce que pensent, disent et répètent chaque jour les gens sensés, ces observateurs éclairés et judicieux, ces véritables amis de l'art? Suis-je répréhensible, parce que je raconte purement et simplement ce que j'ai éprouvé moi-même de mécomptes et de déceptions, après m'être pendant quelque temps fourvoyé, comme tant d'autres, dans la direction de mes études musicales? Pourquoi n'essayerais-je pas d'épargner aux autres une perte de temps irréparable, faute d'un guide suffisamment instruit? Je n'ai certes pas la prétention de viser à l'éloquence, mais j'ai celle d'être sincère, et de dire la vérité toute entière.

De cette manière j'espère accomplir un devoir, et en même temps me rendre utile, dans les limites de mes forces ; car le côté pratique de la vie d'artiste peut être étudié fructueusement par le débutant, tout aussi bien que le côté théorique, l'un n'étant en définitive que l'application, ou plutôt la conséquence de l'autre.

Si, à son tour, la critique daigne me juger, et trouver mon travail digne de ses observations, je la remercierai d'avoir rempli son œuvre avec conscience ; car alors, elle inspirera peut-être, à de plus habiles que moi, la pensée d'approfondir la question que je ne fais qu'effleurer, et d'en arriver à une solution décisive.

Je vais signaler les erreurs dans lesquelles, par suite d'un enseignement défec-

tueux, tant de chanteurs abondent, et
indiquer aux élèves les saines notions préliminaires du chant, afin de leur éviter bien
des écueils. J'ai la confiance, j'ose même
dire la certitude, qu'après avoir lu ces
quelques pages, toute personne qui voudra
embrasser la carrière d'artiste, ou seulement acquérir les connaissances élémentaires de l'Art du Chant, réfléchira sérieusement, quand il s'agira de faire choix
d'un professeur, et n'acceptera plus, ainsi
que cela arrive trop fréquemment, le premier inconnu venu, auquel il convient de
prendre ce titre, en se parant d'une réputation usurpée. Il existe certes de belles
voix, de brillantes organisations musicales,
ce double élément ne fera jamais défaut à
l'art; mais le mode adopté par la plupart
des professeurs, il faut bien leur laisser
cette qualification, mode qui consiste à

exagérer le volume et le timbre, est de
nature à altérer de telle façon les moyens
de l'élève confié à leurs soins, que bien des
voix, même les plus belles, se brisent avant
d'avoir acquis leur puissance et leur étendue.

En effet, aujourd'hui, à part ces pléiades
d'ignares, qui ont l'outrecuidance de vouloir
enseigner un art, dont ils ne soupçonnent
même pas l'existence, pour exploiter le
cachet, combien ne voit-on pas de musiciens exécutants, pianistes, violonistes ou
autres, croyant posséder la science infuse,
s'imaginer connaître les meilleurs moyens
d'obtenir une bonne émission de voix, et
avoir découvert les secrets de l'art de
chanter?

En parlant de pareils disciples du professorat, s'ils ne faisaient autant de mal, on serait tenté de s'écrier, par imitation avec les paroles de l'Évangile : « Mon Dieu, pardonne-leur, ils ne savent pas ce qu'ils font, et moins encore ce qu'ils disent !... »

Quel rapport peut-il exister, d'ailleurs, entre toucher plus ou moins bien du piano, ou jouer plus ou moins bien du violon, et la manière d'émettre un son avec pureté, sans contraction aucune, sans que ce son soit nasal ou guttural ? Voilà ce qu'on se demande.

Pour ma part, j'ai joué longtemps du violon ; lorsque je voulus sérieusement travailler le chant, l'émission de ma voix était si mauvaise, si désagréable, que le célèbre professeur Manuel Garcia, appréciant que l'application des principes de l'exécution instrumentale, diamétralement opposés avec ceux de l'exécution vocale, avait fait de moi une victime de plus, me conseilla, un moment, de renoncer aux études de chant, et à la carrière lyrique. Dans sa pensée, pour réparer seulement en partie le désastre de ma voix, je devais me livrer à un travail tellement persévérant et difficile, qu'il hésita à m'engager à l'entreprendre.

Ce conseil ne me découragea pas. J'ai longtemps essayé sans obtenir le moindre résultat, et j'ai dû fatiguer beaucoup ma voix avant d'arriver à en récupérer une bien faible partie; ce qui m'a contraint d'oublier, que, bien dirigé, j'aurais peut-être un jour pu, tout aussi aisément que nombre d'autres, occuper un rang plus élevé au théâtre. Donc, ne consultant que l'expérience, qui est toujours bonne conseillère, je veux tenter, je le répète, d'être utile aux jeunes artistes en éloignant d'eux un pareil danger ; car fatiguer l'organe vocal, c'est le perdre, et pour la voix, comme pour tout ce qui tient aux choses d'ici-bas, cet axiome n'est que trop vrai : « Ce qui est perdu, est bien perdu, et ne se retrouve jamais. »

Où peut-on espérer en venir avec le système du *trombonisme,* si je puis m'exprimer ainsi, pour qualifier ce système vocal ? Je vais répondre à cette question. On commence, grâce à l'exagération du timbre, par enlever toute fraîcheur à la voix. Puis, pour obtenir le *zinc* (*sic*), on opère une sorte de frottement sur les cordes vocales qui ne tardent pas à s'érailler, par suite de la pression de l'air exercée avec une trop grande puissance sur le larynx.

Il en résulte, qu'on finit par déplacer la voix,
et alors on ne chante plus qu'avec force
contorsions et contractions musculaires,
avec tout enfin, excepté l'organe; car alors,
de la voix que l'on possédait, il ne reste
plus qu'une crécelle. C'est ce qui explique
pourquoi bien des chanteurs semblent au
supplice lorsqu'ils doivent émettre telles ou
telles notes, et donnent à leur physionomie
une expression qui se trouve en opposition
directe avec les sentiments qu'ils sont appelés à interpréter.

Puisse-t-on se prémunir désormais contre de semblables travers, et revenir aux
pures traditions ! On n'aurait plus sous les
yeux les exemples funestes, qui m'ont sug-
géré la pensée d'ériger une sorte de phare
sur ces dangereux écueils, où vont se
briser, comme les vagues houleuses de

l'Océan, tant de belles voix, tant d'organisations heureuses, tant de généreuses espérances.

En signalant ces dangers à la génération contemporaine, je désire lui inspirer la ferme intention de les éviter.

Chacun a encore présent à la mémoire, l'inaltérable souvenir d'un chanteur français que le monde entier a longtemps admiré, et que je cite comme modèle de persévérance à suivre, sinon à imiter, par tous les jeunes artistes; car il joignait à une grande voix, un grand talent. Chacun se rappelle l'indicible émotion que cet artiste émérite communiquait à une salle entière, palpitante de plaisir, et incapable de modérer son enthousiasme : j'ai nommé Gilbert Duprez.

Cette illustration artistique, avait non-seulement en partage un bel instrument, que faisait vibrer une âme de feu, il était en outre, musicien, chanteur et comédien. Mais, il faut tout dire, c'était là une nature exceptionnelle. Il convient d'ajouter aussi que Gilbert Duprez n'avait pas commencé par des rôles de force, comme celui d'Arnold dans *Guillaume Tell*, et d'Eléazar dans la *Juive*. Il avait chanté d'abord les ténorini, ou ténors légers, tantôt à Paris, tantôt en Italie. Il en était néanmoins arrivé, en quittant l'Odéon (où l'on jouait l'opéra à cette époque), à avoir l'organe tellement affaibli, qu'on redoutait de lui voir abandonner la scène. Il se décida alors à partir pour l'Italie, et, sous les yeux de professeurs habiles et expérimentés, il parvint, à force de travail, à se créer, ce que communément on est convenu d'appeler, *une voix factice*. Après un exil qui dura dix années, il revint en France, à Paris, et émerveilla le public, quand on lui décerna la survivance de l'immortel Adolphe Nourrit. Donc, Duprez ne revint qu'après avoir acquis, la science, l'expérience et le développement vocal ; car, alors seulement, il se reconnut capable d'aborder ce que l'on appelle les *forts ténors*.

Malheureusement, depuis son apparition à l'Opéra de Paris, et surtout après son retentissant succès, la plupart des jeunes chanteurs ont cherché à l'imiter, et presque tous ont échoué... Pourquoi? La raison en est bien simple. Pour arriver au développement vocal, ces chanteurs inexpérimentés n'avaient, au préalable, acquis ni la théorie scientifique, et moins encore l'art pratique du chant, connaissances qui, chez Duprez, étaient les résultats fructueux d'un travail sérieux et soutenu pendant une longue période d'années. En outre, il est à remarquer, que ce travail si remarquable, et qui a été couronné d'une réussite si complète pour Duprez, ne pouvait être suivi d'une manière efficace, que par des chanteurs se trouvant dans une condition de voix identique à celle de Duprez. Lorsque ce célèbre artiste a quitté Paris, pour essayer de récupérer des moyens sensiblement altérés, cette méthode, quelque admirable qu'elle fût dans un cas exceptionnel, devait, par contre-coup, produire des effets désastreux en l'appliquant à des élèves, qui se trouvaient en possession d'une voix exempte de toute fatigue. Aujourd'hui encore, maints artistes ne cherchent qu'à atteindre l'*ut de poitrine*, de Duprez, voire même l'*ut dièze* de Tamber-

lick, sans penser aux conséquences perni-
cieuses que peuvent avoir pour la poitrine
et pour la voix, la conquête et l'usage de
ces notes suraigues, quand la nature ne les
a pas données. L'ambition, l'appât des gros
appointements, font naître chez les com-
mençants l'espoir de devenir des Duprez
ou des Tamberlick, et en voulant imiter
le mécanisme adopté par ces merveilleuses
spécialités, ils prennent précisément la
route qui doit les empêcher de jamais y
arriver.

Si, en mettant ici à exécution une louable intention, je n'ai pas trop auguré de
mes forces; si je parviens à faire écouter
mes conseils par les jeunes débutants, je
puis leur garantir qu'ils s'en trouveront
bien. Ils prendront le temps d'acquérir,
avant tout, les connaissances théoriques et

pratiques sous l'œil de l'expérience ; c'est là le seul et unique moyen de conserver à la voix sa fraîcheur, sa plénitude, sa justesse, son étendue.

Le lecteur indulgent, qui voudra bien se rendre compte de mon raisonnement, me saura gré, je l'espère, de n'avoir pas reculé devant l'expression et le développement d'une pensée aussi sérieuse que vraie. Les ignorants, les jaloux, le plus souvent dominés par un aveugle amour-propre ou une personnalité ridicule, ne se laisseront pas désarmer, et taxeront probablement mon travail de prétention exagérée. Mais, comme je l'ai dit, au début de cette Introduction, ce n'est pas dans l'espoir de mériter leur approbation que j'ai écrit ces pages : ma conscience me dit que j'agis bien en essayant de combattre tout ce qui contribue à la décadence de l'Art du Chant, et en signalant le funeste parti pris d'exagération de la prétendue École contemporaine. J'ai donc écouté la voix de ma conscience.

Cette publication me suscitera, sans doute, sinon des ennemis, du moins quelques adversaires, parmi cette foule de professeurs, qui en réalité ne le sont pas; mais en revanche j'obtiendrai, telle est ma conviction intime, l'approbation des gens sérieux, éclairés, des gens honnêtes et de bonne foi, qui repoussent et flétrissent le charlatanisme, et à l'influence desquels on ne fait jamais un vain appel, quand on parle au nom des intérêts sacrés de l'art, et des droits incontestables et imprescriptibles de la vérité.

L'approbation de ces hommes sérieux me suffit, et je me consolerai aisément de la critique des autres : les jugements littéraires de Saint-Evremond n'observent-ils pas que Virgile manque de galanterie, que Didon devait avoir l'âme bien pitoyable pour s'intéresser au récit d'Enée, et enfin qu'Horace, à quelques odes près, ne sait point faire parler la tendresse !...

C'est le sort réservé à tous ceux qui écrivent, et je puise mon courage dans cette pensée : « Le plus grand mérite du chrétien est de pardonner à ses ennemis, et le châtiment de ceux qu'on aime est l'effet de l'amitié la plus tendre. »

I

NÉCESSITÉ D'ÊTRE MUSICIEN POUR DEVENIR CHANTEUR.

Bien des artistes qui, en raison de leur
médiocrité, devraient abdiquer ce titre, prétendent qu'il n'est pas nécessaire d'être musicien
pour devenir chanteur. Cette thèse, ils la sou-
tiendront quand même, mais cela se comprend :
chacun prêche pour son saint..... Ils ne sont
pas musiciens ; donc, il est inutile de l'être.
Cependant ils ont été élèves du Conservatoire,
ils ont été lauréats, ils peuvent modestement
citer leur personnalité à l'appui de leur raison-

nement. D'autres, pour faire prévaloir leurs sophismes, compromettent des noms célèbres tels que *Rubini*, *Ronconi*, *Lablache* et autres, juste, comme si, contrairement à ma conviction, ces grands artistes n'étaient pas musiciens. C'est tout simplement absurde.

Quoi qu'il en soit, les chanteurs qui osent soutenir de semblables hérésies se garderont bien de dire, qu'il y a des exceptions à toutes les règles; leur modestie, je le répète, leur interdira cet aveu. Ils ne diront pas non plus tel ou tel artiste avait un sentiment inné, un grand instinct musical le guidait, le goût artistique et la sensibilité remplaçaient à s'y méprendre ce que la science eût pu lui donner; il y avait du génie, de l'inspiration dans sa manière d'interpréter, soit une scène dramatique, soit tout autre morceau. Je conviens que, par exception, il peut y avoir parfois de ces chanteurs, qui ne sont peut-être pas scientifiquement musiciens; mais c'est qu'alors l'instinct et le sentiment leur font deviner la langue mélodique, et ce que les signes musicaux expriment.

Il est bien certain qu'avant que la méthode et l'analyse fussent trouvées, il a fallu des créateurs, des novateurs de cette méthode et de cette analyse, et que c'est en accumulant les idées et les qualités de chacun, que la méthode a pu se former.

Nous ne pouvons tous avoir la prétention d'être nés avec le génie ; mais tous, nous devrions avoir au moins la condescendance de connaître les éléments de l'art que l'on professe. Par conséquent les artistes, qui veulent chanter, devraient avant tout connaître la musique.

Pour apprendre une langue quelconque, ne faut-il pas commencer par la grammaire ? Dès lors, comment se fait-il que dans une institution comme celle d'un Conservatoire de musique, où l'on sait par expérience combien l'artiste a besoin de connaître la science musicale à fond, on laisse croupir les chanteurs dans une coupable ignorance.

Il est évident que le chanteur doit posséder

le même savoir que le compositeur; qu'il doit suivre les mêmes cours, et que, s'il peut se dispenser de faire des études aussi approfondies de contre-point et de fugue, il doit au moins le faire élémentairement. En dehors de la musique, il doit avoir aussi un aperçu de littérature, connaître la rhétorique, et les principes de la versification. Ce qui est navrant, c'est de voir que des sujets ayant le don précieux de la voix, don que la nature refuse souvent aux plus intelligents, se complaisent avec orgueil dans leur ineptie, et ne font pas le moindre effort pour chercher à dégrossir leur nullité.

A Paris, un choriste qui gagne huit cents francs par an dans un théâtre lyrique, doit savoir lire à vue un morceau de musique. Ne devrait-on pas, à plus forte raison, pouvoir en exiger autant d'un premier sujet, qui gagne par mois trois mille francs et souvent davantage. En effet, le premier sujet, chargé de l'interprétation et de la composition d'un rôle, assume parfois sur lui toute la responsabilité d'un ouvrage, tandis que le choriste se borne à chanter avec les masses. Le sentiment et l'inspiration ne sont pas en jeu chez le choriste; chez le chanteur c'est différent, l'interprétation de son personnage comporte tout : la pensée, l'accent et l'action. La nécessité d'être avant tout musicien est donc incontestablement plus grande chez l'un que chez l'autre, et cependant, on le voit, les exigences se produisent respectivement en sens inverse de cette nécessité. Si le chanteur n'est pas musicien, comment peut-il se livrer et s'identifier avec le sujet qu'il représente, étant sans cesse préoccupé de savoir : s'il chante juste, s'il va en mesure, s'il n'attaque ni trop tôt, ni trop tard. Cette préoccupation lui enlève tout son prestige en faisant voir à l'auditoire, un visage inquiet, des regards constamment fixés sur le chef d'orchestre, au lieu de lui montrer une physionomie en harmonie avec le sentiment des paroles qu'il débite, et de la mélodie qu'il chante. Dans cette pénible situation, on ne saurait mieux comparer le chanteur ignorant, qu'à l'individu qui veut nager sans connaître les notions de la natation, et qui tremble de perdre de vue la perche qu'on lui tend. Semblable

au voyageur égaré dans les catacombes, cherchant avec anxiété le fil conducteur qui seul
peut le ramener à la lumière, il suit avec effroi
le bâton du chef d'orchestre, qui est véritablement la perche du maître nageur. Il faut que le
chef d'orchestre soit toujours là, armé de son
violon pour lui envoyer la note toutes les fois
que le malheureux s'égare, et encore ne
parvient-il pas toujours à la saisir au vol, cette
note protectrice, son unique planche de salut!...
Comprend-on qu'il soit possible de s'aveugler
à ce point, et de se faire illusion jusqu'à sup-
poser que le don de la voix détermine l'incar-
nation de l'art musical! N'est-ce pas le cas ou
jamais de rappeler ce vieux proverbe : « Si vous
voulez courir, avant tout, sachez marcher. » Or,
si vous voulez chanter, avant tout soyez musicien.

La part ainsi faite au chanteur, que devient
le public? Trop souvent certaines négligences
de mise en scène, tant au concert qu'au théâtre,
lui laissent ostensiblement entrevoir ce que
l'on appelle les ficelles du métier. Si alors, pour

brocher sur le tout, on constate l'inexpérience musicale, ou l'incapacité, chez le chanteur, de quel prestige l'art peut-il encore être environné? Voilà pourtant ce qui se passe quelquefois à Paris, et journellement dans les principales villes de province. Il faut bien le dire, si le Conservatoire, chargé de l'instruction des artistes, fournissait tout ou moins des exécutants capables, toujours en matière de chant bien entendu, on ne serait pas réduit à chercher, à l'exemple de M. de Corcy, des chanteurs sur les grandes routes, où l'on ne découvre pas souvent un *Postillon de Lonjumeau*, mais où l'on déterre quelquefois un tailleur de pierres, un vigneron, un menuisier, chez lesquels on espère trouver un symptôme de voix, que l'on s'empresse d'habiller à peu près, le moins mal et dans le moins de temps possible. On produit alors, en toute hâte, cette panacée devant le public, pour l'engloutir plus vite encore au bout de quelques mois.

Il ne faut pas se le dissimuler, ces chanteurs improvisés sont sans consistance, et vous aurez beau les affubler des habits les mieux taillés, des gants les plus serrants, et des bottes les mieux confectionnées, vous aurez beau les barbouiller de rouge virginal et de poudre de riz, le bout de l'oreille percera toujours, percera d'autant plus que chez eux les oreilles sont longues, et sur l'estrade ils auront la contenance ridicule d'un badigeonneur endimanché, qui veut absolument faire le beau, et n'aurait jamais dû déserter les barreaux de son échelle : lavez le vernis, et il reste en dernière analyse : quoi? une mauvaise contrefaçon!...

Les avis des maîtres, les conseils de la presse, les méthodes des savants ne manquent cependant pas. Manuel Garcia, dans l'*Art du Chant*, le dit assez clairement :

« Il ne suffit pas de prendre à la hâte quelques notions de la musique. Les artistes ne s'improvisent pas; ils se forment de longue main; il faut que leur talent soit développé de bonne heure, et par une éducation soignée et par des études spéciales. Nous ne dirons qu'un mot de l'avantage d'une instruction distinguée : l'artiste dont l'esprit ne serait pas cultivé pourrait difficilement saisir l'ensemble d'un rôle, en comprendre la portée et y découvrir les traits caractéristiques qui impriment un cachet original et vrai au personnage du drame.

« L'éducation spéciale du chanteur se compose de *l'étude du solfége, de celle d'un instrument,* et enfin de *l'étude du chant et de l'harmonie;* cette dèrnière science est pour le musicien une ressource indispensable. C'est avec son secours que sans l'aide d'un maître, le chanteur peut adapter les rôles à sa voix, les orner, en faire ressortir les beautés, tout en respectant le caractère qui leur est propre et ajouter sou génie à celui du compositeur. La connaissance de l'harmonie peut seul le mettre en état de varier ses chants sans préparation, soit pour en rajeunir l'effet, soit pour esquiver avec art la difficulté d'un passage lorsqu'une indisposition subite le prive d'une partie de l'étendue de sa voix. Cette dernière épreuve, qui se présente assez fréquemment dans la carrière théâtrale, fait juger à nu le savoir d'un chanteur et n'est défavorable qu'à l'ignorance. »

Par malheur, l'enseignement est en général bien loin de remplir ce programme, voire même au Conservatoire, puisque la plupart des élèves-chanteurs sortent de cette école, n'étant pas seulement capables de définir dans quel ton ils chantent.

Des musiciens éclairés qui dirigent eux-mêmes des écoles, m'ont souvent tenu ce langage : « Que voulez-vous?... Les voix sont rares, et lorsqu'on reçoit dans un Conservatoire des jeunes gens encore novices en matière d'art, on ne peut guère s'appesantir sur l'élément musical, le temps manque. »

Voilà ce qui se fait, et ce qui se dit, à propos des Conservatoires, et cependant le Bulletin administratif du Ministère de l'Instruction publique de France, contient un règlement, daté du 30 janvier 1865, en vertu duquel l'enseignement de la musique est rendu obligatoire dans les écoles primaires, et dans les lycées. Ce document consacre un trop grand bienfait pour ne pas le reproduire ici en entier :

« Art. 1er. L'enseignement de la musique est obligatoire pour tous les élèves des écoles normales primaires. Il en est de même du plain-chant pour les élèves catholiques et du chant religieux pour les autres communions.

« ART. 2. L'enseignement musical dans les écoles normales embrasse les matières suivantes :

« 1° Principes élémentaires de musique et de chant. Lecture, écriture et dictée musicale sur la portée ;

« 2° Principes élémentaires du plain-chant. Étude élémentaire de l'orgue.

« Le piano pourra être employé comme moyen d'introduction à l'étude de l'orgue.

« Étude élémentaire de l'accompagnement.

« ART. 3. Ces matières sont réparties de la manière suivante entre les trois années d'étude :

« Première année. — Principes élémentaires de musique. Notions sur l'émission vocale, sur la respiration et sur le classement des voix. Lecture sur les clefs de *sol* et *fa*, dans tous les tons majeurs et mineurs et avec les mesures les plus usitées. Notions théoriques sur les autres clefs et les autres mesures.

« Deuxième année. Continuation des exercices de lecture. Écriture sous la dictée. Exécution de morceaux de chant à plusieurs voix.

« Étude élémentaire du plain-chant. Notation, modes, lecture avec paroles.

« Exercices élémentaires de mécanisme sur le piano

ou l'orgue. Gammes dans tous les tons majeurs et mineurs.

« Troisième année. — Continuation des exercices de musique et de plain-chant.

« Étude élémentaire de l'accompagnement, spécialement en vue de l'accompagnement du plain-chant.

« Lecture de morceaux faciles en accords plaqués, et l'accompagnement d'un plain-chant donné, soit à la basse, soit à la partie supérieure.

« Art. 4. Cinq heures par semaine sont consacrées, dans chacune des trois années, aux leçons de musique ou de plain-chant.

« Le temps attribué dans l'intervalle des leçons à l'étude du piano ou de l'orgue est pris sur la durée des récréations et sur le temps laissé libre le dimanche entre les offices.

« Art. 5. L'orgue, l'harmonium et le piano sont les seuls instruments employés pour l'enseignement musical dans les écoles normales primaires.

« Art. 6. L'enseignement de la musique est obligatoire, dans les lycées, pour tous les élèves des classes inférieures jusqu'à la quatrième inclusivement.

« Il est facultatif pour les élèves des classes de troisième et au-dessus.

« L'enseignement obligatoire comprend les matières suivantes :

« Principes élémentaires de musique et de chant. Lecture, écriture et dictée musicale sur la portée.

« Le but final de cet enseignement doit être : la lecture dans tous les tons majeurs et mineurs et avec les mesures les plus usitées, et l'exécution de morceaux de chant d'une difficulté moyenne, à une ou plusieurs voix.

« Art. 8. L'enseignement facultatif peut comprendre, outre les matières de l'enseignement obligatoire, les principes élémentaires de l'harmonie.

« Art. 9. La musique instrumentale continuera à être enseignée individuellement aux frais des familles.

« Art. 10. Deux heures par semaine sont consacrées à l'enseignement musical obligatoire, pour chacune des divisions de cet enseignement. Ces leçons ne sont données ni le dimanche ni aux heures de récréation.

« Les élèves sont divisés en plusieurs cours, autant qu'il sera possible d'après leurs progrès en musique, et non d'après la classe à laquelle ils appartiennent.

« Une leçon d'une heure au moins par semaine est consacrée à l'enseignement musical et facultatif.

« Fait à Paris, le 30 janvier 1865.

« V. Duruy, »

J'en reviens à l'enseignement musical des Conservatoires, et je me résume en disant : Créez pour les jeunes gens que vous recevez une classe de solfége, et de plus attachez à cette classe, en qualité de moniteur, un élève assez avancé, pour leur indiquer la manière de travailler, et pour les guider dans leurs premières études. Occupez-vous en spécialement, jusqu'au moment où ils en sauront assez pour travailler seuls, et alors seulement, laissez-les s'occuper des éléments du chant. Prenons pour exemple, à l'appui de ce qui précède, un sujet tout à fait étranger aux premiers éléments du solfége. On ne lui enseigne pas ces éléments d'une façon sérieuse; pourquoi? Parce qu'on prétend que faire ce travail à l'âge de vingt ou vingt-deux ans, cela fatigue la voix. Si le professeur a négligé pour lui-même ces études élémentaires, il ne doit pas savoir enseigner, et alors il est évident qu'il fatiguera l'organe de l'élève. Mais, si au contraire, ce professeur est capable, si avant de faire solfier l'élève, il lui apprend la dénomination des notes, et lui explique les divisions des mesures et des temps, sans le faire chanter, il évitera la fatigue de l'organe. On peut faire une lecture musicale en battant la mesure, et en nommant les notes, sans devoir pour cela émettre les sons; il en résulte donc une économie de temps, tout en s'épargnant une fatigue inutile. De plus, si le professeur de solfége est intelligent, il pourra déjà, sur les leçons de solfége, commencer à donner à son élève, une idée de la phrase mélodique. Or, dès le premier pas, on le voit, l'enseignement élémentaire en usage est vicieux. En voici une autre preuve :

« (PRÉFACE DE GARCIA) : Aux XVIme, XVIIme et XVIIIme siècles, on n'étudiait la musique qu'à l'aide de la voix. Les élèves destinés spécialement au chant étaient dirigés dans cette étude par le même maître qui leur avait enseigné le solfége. Quelquefois, et pour échapper aux difficultés que présentait, dans la nomenclature des notes, le système des nuances, alors en vigueur, on remplaçait le nom des notes par une voyelle. De ce procédé, employé *accidentellement,* est né l'usage, aujourd'hui si commun, d'enseigner indistinctement par la vocalise, et la musique et le chant spécial. Le système actuel semble, au premier abord, n'être que la continuation du système ancien, et pourtant l'application en est essentiellement différente. Autrefois, dans l'enseignement du solfége (la solmisation), le maître, par des précautions attentives, prévenait d'avance toutes les habitudes vicieuses qui auraient pu nuire aux études futures du chanteur. Il le surveillait dans l'émission de la voix, dans l'articulation du son des notes, dans la manière de respirer ; il l'habituait à un sentiment correct et pur de la musique, etc., etc. Plus tard, on abordait, au moyen des exercices spéciaux et vocalises, le développement complet des ressources de la voix. Aujourd'hui l'étude de la musique et celle du chant ne sont plus confiées au même maître, et la première de ces études n'est souvent que la préparation incomplète ou vicieuse de la deuxième. »

Puisque autrefois on travaillait avec soin, comme il est facile de le voir, pourquoi ne pourrait-on plus procéder de la même façon? C'est donc, je le répète, surtout et toujours, à l'enseignement élémentaire qu'il faut s'en prendre, à la négligence des professeurs, à la mauvaise direction des études. Ce n'est pas seulement le travail, mais encore la manière d'étudier, qu'il faut enseigner. Le règlement du Conservatoire limite à trois années le temps des

études de chant et de déclamation. En consa-
crant cinq années, s'il le faut, pour former des
chanteurs, ainsi que cela se pratique dans les
grands établissements fondés et soutenus par
l'État, on devrait cependant parvenir à leur
apprendre bien des choses; mais il est clair que
si l'on ne surveille ni les études, ni la marche
du travail, les élèves, trop jeunes encore pour
ne pas désirer se livrer à un *dolce far niente*
prolongé, plutôt qu'à leur éducation musicale,
aimeront tout autant, et mieux, fumer le cigare
en flânant sur le boulevard, ou se perfectionner
au billard du café et de l'estaminet.

Le chanteur, lorsqu'il a acquis du talent
comme musicien, peut conserver l'intégralité de
sa voix jusqu'à quarante-cinq, et même cinquante ans; pour autant, toutefois, que ce chanteur ne sacrifie pas son instrument au mauvais
goût d'une certaine fraction du public, qui reste
indifférente pour le chant, et ne se laisse impres-
sionner que par les cris. En partant de ce point,
qu'il est de première nécessité, pour le chanteur,
de connaître à fond la science musicale, accor-

dez à l'élève six années au lieu de cinq, pour faire ses études, et il lui restera encore vingt ans pour fournir une carrière ; c'est bien assez, puisque aujourd'hui la plupart des artistes lyriques rentrent dans le néant après quatre ou cinq années d'exercice. Mais avant tout, exigez, de la manière la plus impérieuse, que les élèves de l'école soient musiciens.

L'ignorance musicale est tellement passée à l'état de chose jugée, qu'au moment où je recueille mes feuillets pour publier ce livre, un discours sur la déclamation musicale de Charles Bataille, vient encore appuyer ce dont je désire ardemment pénétrer, ceux qui veulent se destiner à l'Art du Chant.

Charles Bataille est connu, dans le monde artistique, comme un professeur habile et un homme lettré ; il m'excusera donc de me servir de son autorité, pour justifier mes assertions, et d'emprunter à cet effet quelques fragments à son remarquable discours. Il dit à propos de Porpora :

« Nous sommes loin de lui, à cette heure, et les aspirants à nos scènes lyriques, s'improvisent chanteurs en bien moins de temps qu'il ne faut pour faire un bon cordonnier ou un maçon d'avenir. Mais il ne s'agit point d'examiner si la fièvre du gain facile et de la richesse sans travail a corrompu jusqu'à ceux auxquels on a si souvent fait un crime de leur insouciance de l'or, et de les blâmer de vouloir, eux aussi, arriver vite; retournons à ce que l'on étudiait si consciencieusement autrefois et qu'on étudie si légèrement de nos jours, à l'Art du Chant. »

Charles Bataille sait encore, bien mieux que moi, que les Conservatoires sont pour beaucoup dans cette absence complète d'éducation musicale première, reprochée à tant d'artistes, et il sait aussi, que si ces importantes écoles, par leur impulsion, et leur bonne direction, imprimaient l'élan vers de solides études, on n'aurait pas à regretter cette pénurie de sujets, qui désole toutes les scènes lyriques. Bien au contraire, il y aurait alors de bons artistes au lieu de ceux qui n'en portent que le nom, et en occupent arbitrairement les places.

Charles Bataille dit aussi :

« La musique est à la fois un sentiment et une science;

elle exige de la part de celui qui la cultive, exécutant ou compositeur, une inspiration naturelle et des connaissances qui ne s'acquièrent que par de longues études et de profondes méditations. La réunion du savoir et de l'inspiration constitue l'art. En dehors de ces conditions, le musicien ne sera donc qu'un artiste incomplet, si tant est qu'il mérite le nom d'artiste. »

Que tout artiste lyrique, et même bien des professeurs, lisent attentivement ce paragraphe, et se demandent, si dans leur âme et conscience, ils réunissent les qualités énoncées dans ces quelques lignes. Hélas ! en faisant passer cette pléiade par le confessionnal de la vérité, bien peu répondraient : oui, et beaucoup devraient répondre : NON.

Le même écrivain ajoute :

« Par rapport à l'expression, les contre-sens, pour être moins apparents, n'en sont pas moins grossiers. Je pourrais évoquer devant vous certains Edgard Ravensvod bramant à pleins poumons sur le bord de la tombe, avec un poignard planté tout au travers du cœur. Je pourrais vous rappeler ces Eléazars de *la Juive,* hurlant d'un bout à l'autre la poignante mélodie où les douleurs, les hésitations, les souvenirs douloureux d'un père aux abois sont exprimés en des alternatives si touchantes d'énergie et de défaillance, etc., etc... »

On peut citer également, avec la même justesse, Arnold de *Guillaume Tell*, hurlant sur des *ut de poitrine* la phrase si vaporeusement amoureuse de : « O Mathilde ! idole de mon âme, » phrase où se mêlent les sentiments de tendresse, de regret, que l'amant fortuné doit sans cesse comprimer en présence du farouche conjuré, qui vient lui demander l'appui de son bras pour délivrer la patrie du joug de l'étranger.

Voilà cependant ce que la masse du public applaudit à faire crouler une salle de spectacle; et, en définitive, cette masse applaudit alors des contre-sens, et des sons désagréables.

J'ajouterai encore un mot sur ce qui se produit souvent dans le beau final du deuxième acte de *Lucie de Lammermoor*. Me trouvant en Italie, j'ai entendu maintes fois ce morceau, exécuté par des Compagnies, mêmes médiocres, et qui électrisaient tout un auditoire, par une exécution révélant instinctivement toutes les bonnes traditions de l'école italienne. Mais aussi, combien ces artistes observaient les moindres nuances ! Jamais la mesure ne se trouvait en défaut, et, tour à tour, chacun des sujets savait s'effacer et se sacrifier, pour arriver à l'explosion, et au grand effet d'ensemble. Écoutez ce morceau, même sur les premières scènes de la province. Qu'arrive-t-il ? Le ténor, s'il est peu, ou point musicien, prend au vol les paroles et la musique que le chef d'orchestre s'éreinte à lui envoyer ; il attaque avec hésitation, et devient complétement incolore, comme chanteur, et comme comédien. De son côté, le baryton, qui a parfois une belle voix, veut toujours dominer les autres ; il crie à tue-tête sa partie, gesticule et manœuvre comme un ancien appareil télégraphique, dans l'espoir d'attirer à lui toute l'attention d'un parterre enthousiaste, émerveillé, mais peu érudit, qui ne se lasse pas de répéter : « Celui-ci chante bien mieux que tous les autres, puisqu'il crie le plus fort ! » Vient la chanteuse ; elle doit renoncer à se faire entendre à côté des hurlements poussés à ses côtés, à moins qu'elle ne crie aussi, puisque sa partie doit couvrir le tout, tandis qu'elle se trouve complétement écrasée par les autres. De là, plus de mesure, plus de rhythme, plus de nuances, des cris continuels, et le public d'applaudir quelquefois, mais de chuter presque toujours, une des plus belles pages de Donizetti. Et cela, par suite d'une exécution défectueuse, provenant de l'ignorance impardonnable et du sot orgueil qui marchent constamment de pair chez des interprètes incapables.

Ces pauvres sires jugent également à leur point de vue, leurs camarades, les artistes, qui savent chanter avec science, avec goût, et ils disent : « *Il n'est pas difficile de chanter sans voix, ou* (selon le terme consacré) *avec des voix d'enrhumés ; si nous voulions, nous pourrions aussi chanter à demi-voix,* COMME EUX ; *mais ce qu'ils ne savent pas faire, c'est de payer comptant,* COMME NOUS. Ils entendent par cette expression, *payer comptant,* crier à tue-tête d'un bout à l'autre d'un ouvrage, sans ménager les nuances indiquées par le compositeur. Ensuite, pour convaincre ceux auxquels ils s'adressent, ils mettent en pratique *leurs principes*, devant leurs admirateurs et leurs prosélytes, et ajoutent avec une outrecuidante hardiesse : « *Voilà comment il faut chanter !!!* » Ce serait vraiment risible, si ce n'était aussi désastreux pour l'art et même pour ceux qui, dans leur aveuglement, ou leur indifférence, encouragent les prouesses de semblables *musico-morbus*.

Il est bien évident que ce n'est pas avec de telles exécutions qu'on peut former le goût du public. Au fond, c'est donner raison aux cafés-concerts, où l'art musical est relégué à la porte, au dépôt des cannes et des parapluies. Dans ces établissements anti-artistiques, où la fumée de tabac et la chope de bière constituent les principaux éléments de succès, le chant est un simple accessoire, un hors-d'œuvre, et dès lors les cris peuvent y être prodigués à foison. Mais au théâtre, il doit y avoir plus de dignité de caractère, plus de respect de soi-même, plus de noblesse d'expression et de sentiment. Aussi, voit-on avec la plus grande peine, que si cette décadence ne s'arrête pas, avant quelques années, le public ne saura plus établir de différence entre ce qui est bien et ce qui est mal ; la masse, plutôt que d'aller entendre les œuvres des maîtres et des chanteurs dignes d'être écoutés, préférera prendre ses aises au café, où, sous le rapport de la tenue et des convenances, les moindres lois d'une rigoureuse politesse semblent à jamais exclues.

L'art musical, croyez-le bien, est en quelque sorte au bord du précipice, et il importe à la génération contemporaine de ne pas le laisser tomber dans l'abîme, de relever l'Art du Chant, devenu la proie des gradins de l'estaminet ou de la taverne, et de prouver aux artistes qui ont conservé l'amour de l'étude et du travail, que tout n'est pas encore perdu pour eux. J'insiste particulièrement sur ce point qu'il est de toute nécessité d'encourager sans retard ces artistes laborieux ; car c'est uniquement à l'aide d'interprètes ayant des connaissances musicales approfondies, que l'on peut arriver à un bon ensemble d'exécution. Dans un opéra, on ne chante pas toujours seul, et c'est malheureusement ce dont on ne paraît plus tenir compte aujourd'hui. Combien d'œuvres méritantes seraient en faveur au lieu d'être délaissées, si l'exécution des morceaux d'ensemble laissait moins à désirer. Sous ce rapport, il faut rendre hommage à l'Allemagne et à l'Italie ; elles nous laissent à cent coudées au-dessous d'elles : l'une possède par excellence la langue harmonique, l'autre la langue mélodique. Nous sommes au centre de ces nations essentiellement musicales, et au lieu de mettre à profit les qualités de l'une et de l'autre, nous préférons dégénérer, et nous complaire dans la glorification de l'ignorance. Il en est des ensembles en fait d'opéra, comme des symphonies en matière instrumentale, ils n'existent et ne ressortent que par la nuance et la couleur. A ce propos je détacherai encore un fragment du discours de Charles Bataille :

« Vous connaissez tous cette réunion d'artistes qui s'est donné mission de conserver intactes les traditions et les chefs-d'œuvre de la musique classique (la Société des concerts au Conservatoire). Vous connaissez également ment cette autre phalange vouée au même but et qui rivalise par l'ardeur et l'habileté avec l'expérience consommée de son aînée (la Société des concerts populaires). Eh bien! vous avez été frappé surtout de l'ensemble parfait, de l'entente merveilleuse qui préside à l'exécution des nuances, des accents, des effets de sonorité semés à profusion sur les splendides pages écrites par les grands maîtres. Or, cet ensemble résulte uniquement de l'observation exacte des lois fondamentales de la mélodie, et si vous entendiez séparément chacun des exécutants, vous croiriez entendre les mêmes sons exactement répétés par des voix différentes. C'est que tous sont unis dans un commun sentiment, le sentiment vrai et longuement étudié de la mélodie ; c'est que tous parlent la même langue, la langue riche, pure, suave, mais exigeante de la mélodie. »

Au théâtre, qui est principalement chargé de l'interprétation mélodique, si ce n'est le chanteur? Puisque l'instrumentiste doit connaître les lois fondamentales de la mélodie, il en résulte nécessairement que le chanteur doit les connaître davantage encore, en ce sens que c'est particulièrement sur lui que tout repose ; et en effet, c'est à lui, à lui seul, que sont dévolues la mélodie et la déclamation lyrique.

A part les désagréments qui déjà ont été signalés, il est utile qu'on sache aussi, que le chanteur, qui n'est pas musicien, doit s'en rapporter à un simple répétiteur. Le plus souvent, celui-ci lui imprime un sentiment trop légèrement défini ; car ce répétiteur limite d'ordinaire sa mission au rôle d'accompagnateur, et se borne à aider l'artiste à déchiffrer la partition réduite au piano ; il lui apprend à la force du poignet ce qu'il doit essayer de chanter, lui donne tant bien que mal quelques fausses intentions, et lui fait commettre de nombreux contresens : cela se comprend.

Dans ce cas, le manque d'instruction du chanteur ne lui permet pas de prendre l'initiative ; il est amené à faire fausse route, et c'est ce qui arrive généralement en province. Après cela, il faut reconnaître aussi que ces répétiteurs sont blasés ; ils font ce métier ennuyeux du matin au soir, et ne se sentent guère la force de prendre la peine d'analyser un rôle, ou d'indiquer le sentiment vrai de la phrase musicale, et partant, moins encore celui des paroles. Le pauvre artiste devient alors une machine, et le public, qui demande un chanteur, est mécontent parce qu'on lui sert un braillard.

Maintenant, si à un moment donné, une note aiguë, bien vibrante, retentit au milieu de ce gâchis musical, ce même public, heureux de dissiper sa mauvaise humeur, puisqu'en définitive il n'est pas venu au théâtre pour s'échauffer la bile, se plaît alors à applaudir; car cette bienheureuse note a eu seule l'étrange mérite de le faire sortir de sa torpeur.

Les anciens ouvrages classiques n'ont plus de succès en province; mais cela tient aux interprètes, dont la science musicale est nulle ou incomplète. Que de fois j'ai entendu profaner la partition des *Noces de Figaro*, de Mozart; on disait : C'est une mauvaise musique, elle est vieille, rococo, que sais-je! Si cependant on avait usé de représailles envers ceux qui trai-

taient ainsi Mozart, on aurait pu leur répondre :
Vous êtes trop ignorants pour la comprendre
ou pour l'interpréter! A la vérité, c'est au
chanteur à rajeunir la forme musicale des
anciens maîtres; mais pour cela, il doit être
musicien et harmoniste, il doit savoir placer à
propos une *appogiature,* une anticipation, un
groupe.

Lors de la reprise récente de cet opéra des
Noces de Figaro, à Paris, Mme Miolan-Carvalho,
dans le rôle de Chérubin, et Mme Vandenheuvel-
Duprez dans celui de la Comtesse, avaient su
rajeunir la formule de Mozart, et en faire ressortir toutes les beautés. S'il fallait répudier
l'ancienne musique, où en seraient la science et
l'art?...

Chanteurs, c'est à vous que je m'adresse;
car c'est à vous à éclairer les masses par votre
savoir et votre talent; c'est à vous à ramener le
public dans les voies fleuries qu'il a abandonnées, et à lui faire comprendre ce qui est véritablement beau. Pourquoi dans les Conserva-

toires, ne s'attache-t-on pas à enseigner plus scrupuleusement la manière d'interpréter les anciens ouvrages de Mozart, de Méhul, de Nicolo, etc., etc., d'abord dans les exercices, puis encore, et surtout, dans les classes de chant? L'ancienne musique crée à la fois pour le professeur, et pour l'élève, tout un enseignement.

Pour le professeur, c'est la recherche du bon style, et de la déclamation lyrique, c'est le rajeunissement de la formule, tout en respectant la tradition. Pour l'élève, c'est l'étude d'une interprétation beaucoup plus difficile, quoique moins brillante que celle de la musique moderne, autrement dit, c'est une grande étude de sentiment vrai.

Tel devrait être le but presqu'exclusif de cette branche d'enseignement vocal; tel est d'ailleurs le programme imposé aux instrumentistes et aux harmonistes.

Pourquoi ne pas soumettre les chanteurs à

la même règle? L'exécution de la musique moderne devient facile lorsque les études ont été sévèrement dirigées sur la musique classique, d'autant plus que les compositeurs contemporains laissent peu de chose à faire aux chanteurs. Sur leurs partitions tout est préparé à l'avance, et pour cause ; ce qui n'empêche pourtant, que dans les plus grands théâtres, sur les scènes où les ouvrages sont créés, le compositeur est le plus souvent obligé d'être lui-même le répétiteur et le professeur de chant, du sujet qu'il a choisi pour être l'interprète de son œuvre. Pour s'en convaincre, il suffit de jeter les yeux sur ce qui se passe sur les diverses scènes lyriques de Paris.

A regret, on a maintes fois constaté que dans la plupart des Conservatoires, l'enseignement se borne à un aperçu tout superficiel des études. Les élèves, étant persuadés qu'à une heure dite, ils trouveront un emploi quelconque, ne se donnent pas la peine de travailler, vu que rien ne les y oblige ; mais à titre de compensation de leur manque de savoir, ils ont en partage une intolérable vanité, qui les empêche, lorsqu'ils sont entrés au théâtre, d'écouter de sages conseils, et de chercher à s'instruire, pour réparer le mal, autant que faire se peut. Ils ne font dès lors que s'étioler, et doivent bientôt après, renoncer à la carrière. Que tout élève-chanteur soit bien pénétré de cette vérité, applicable aussi à bien des artistes : Sans modestie, il n'y a pas de travail sérieux. Ce qui fait le véritable artiste, ce qui le complète, c'est de faire bon marché des banalités élogieuses, et d'être toujours imbu de cette pensée, qu'il lui reste encore quelque chose à acquérir pour atteindre la perfection. C'est le seul moyen d'arriver à un bon résultat, et de porter dignement ce nom d'artiste, qui trop souvent est un titre dérisoire, en raison du peu de valeur de ceux qui en font un sot étalage.

Combien ai-je vu de mes camarades de classe, disparaître sans avoir pu se créer une carrière, et cela, pour avoir abusé, outre mesure, des avantages inhérents à une brillante jeunesse, et avoir dépensé trop vite la richesse de leur organe. Ici encore, il faut le dire, si c'est souvent la faute de l'élève, c'est quelquefois aussi la faute du professeur, qui n'a pas su donner une bonne direction à l'intelligence, plus ou moins développée, de ceux dont l'éducation est confiée à leurs mains. Le professeur peut guider et moraliser son élève, tout en restant dans le cadre de ses attributions spéciales.

Certainement, il est difficile de chanter sans voix ; mais il est impossible de le faire, c'est-à-dire, chanter pour chanter, si l'on n'est pas profondément musicien.

Plusieurs maîtrises de Paris ont fourni de bons chanteurs. Chollet, Marié, Faure et nombre d'autres, ont tous été élèves dans les maîtrises.

Faure, élève de Trévaux, maître de chapelle à la Madeleine, chantait dès l'âge de douze à quatorze ans, avec une jolie voix et un bon sentiment musical. A cette époque déjà, son professeur lui avait donné les notions de la loi mélodique ; et ainsi, il en avait fait un jeune chanteur, qu'on allait entendre et écouter avec plaisir. Mais Faure avait tout d'abord étudié la musique par principes ; et ensuite, les œuvres de Haydn, de Mozart, de Lesueur et de Cherubini, avaient développé chez lui le goût musical.

Je pourrais citer encore mille exemples, pour démontrer de plus en plus que le talent ne peut s'acquérir que par l'étude. C'est incontestablement la première condition que le professeur doit exiger de son élève.

La science acquise fait d'ailleurs taire les envieux, et les jaloux.

Il y a toute une armée de musiciens, parmi lesquels se trouvent cependant des gens sérieux, de véritables artistes, qui jalousent et critiquent, en toute justice, les chanteurs sans talent, auxquels on accorde des appointements fabuleux. Mais cela s'explique.

Ces musiciens ont travaillé beaucoup pour acquérir les connaissances et le talent qu'ils possèdent, et ils ne gagnent presque rien, relativement à certains chanteurs sans mérite, qui ne travaillent pas, et gagnent beaucoup d'argent.

Il est par conséquent essentiel d'établir une distinction entre l'expression de ces sentiments mis ici en présence. Chez les hommes de mérite c'est le légitime regret de se voir sacrifiés au profit de l'incapacité, de l'ignorance et du charlatanisme, pour prix d'études sérieuses, et d'un travail consciencieux. Chez les chanteurs sans talent, c'est au contraire la jalousie et l'envie excitées par l'insouciance et la paresse, tristes conséquences d'une somme exagérée de bien-être matériel.

On entend dire et répéter de toutes parts : avec la liberté des théâtres, les chanteurs n'auront plus de prétentions d'appointements aussi ridicules. Mais on omet de faire la différence entre les émoluments dûs au talent de l'artiste chanteur, et les appointements monstrueux alloués à l'antichanteur. Pour justifier certaines

prétentions pécuniaires, contre lesquelles on
s'élève souvent, il faut d'abord que l'artiste soit
capable, et qu'il connaisse à fond ce qui constitue la profession de chanteur. En pareil cas
les réclamations tombent d'elles-mêmes; car
nous ne sommes ni négociants, ni marchands.
On ne confectionne pas, on ne fabrique pas un
artiste comme on fait un habit, comme on fal-
sifie un alcool, comme on met un poulet à la
broche, comme on fabrique un gaz plus ou
moins pestilentiel! On ne peut que former l'artiste : l'art n'est pas soumis à une taxe fixe. Si
les chanteurs se font payer, c'est parce que la
voix est un don naturel, et non une chose qui
s'acquiert comme une balle de café, ou une
barrique d'eau-de-vie. Du jour où il y aura
beaucoup de chanteurs de talent, les prétentions viendront nécessairement à baisser, et il
y aura alors un prix courant pour les chanteurs, comme pour les valeurs cotées à la
Bourse. Il serait néanmoins à désirer qu'il y
eut beaucoup de chanteurs pour alimenter
les scènes de France et de l'étranger; il serait
surtout à désirer que les Écoles de Chant et

les Conservatoires de musique en formassent
de bons : les entrepreneurs de spectacles
auraient alors à choisir, et c'est dans ce but
que j'écris.

Mais je doute que la liberté des théâtres, nouvellement proclamée, amène ce résultat. La
liberté des théâtres permettra de créer, dans un
certain laps de temps, une grande quantité de
scènes lyriques à tous les degrés ; et ce genre
de plaisir ne fera que se développer ; mais moins
que jamais on se résignera à consacrer à l'étude
un temps qui, grâce à l'étendue ou à la puissance d'une jolie voix, pourra plus promptement
devenir productif. Dès lors il est probable, que
ceux qui crient aujourd'hui tant, et si fort,
contre l'exagération des appointements, ne
pourront pas être contentés.

Que ces boudeurs essayent donc de se faire
artistes ! Ils verront s'ils arriveront aussi facilement à gagner de grosses sommes d'argent,
qu'ils le font aujourd'hui ; et dès lors, ils ne
s'acharneront plus à entraver la carrière d'au-

trui. Il faut l'avouer, avec un système comme celui qui est à l'ordre du jour, le gain est le seul dédommagement, la seule compensation offerte au véritable artiste. Exclu, en quelque sorte, de certains cercles de la société, par d'injustes préjugés, qui se perpétuent quand même, n'est-il pas exposé à devoir patiemment supporter les procédés grossiers, et parfois injurieux, de gens non-seulement moins intelligents, mais qui sous le rapport de l'honorabilité, ne lui arriveraient pas à la cheville? Par jalousie, par esprit de vengeance, de coterie, que sais-je, l'artiste de talent et de cœur, n'est-il pas chaque soir exposé aussi à être souillé lâchement par les avanies d'êtres mal élevés, de parvenus sans éducation, qui pour dissiper les ennuis et la monotonie de leur comptoir, entrent au théâtre uniquement pour troubler le spectacle en se disant :

« C'est un droit qu'à la porte on achète en entrant. »

Soit, mais ce n'en est pas moins un vieil usage. Dans un siècle aussi éclairé que le notre, dans un siècle de progrès et d'utiles réformes,

devrait-on encore tolérer cette coutume suran-
née? l'artiste de talent devrait-il encore être
aussi brutalement, et presque toujours aussi injustement froissé dans son honneur et dans sa
dignité?...

En effet n'arrive-t-il pas chaque jour que l'artiste rentre dans la vie privée après avoir réalisé
des économies? Il vend alors sa défroque de
comédien; il redevient homme du monde, en
raison de la position indépendante que sa fortune lui donne, et jouit pleinement de la considération de tous, et des droits de citoyen. Or,
pourquoi se permet-on de méconnaître aujour-
d'hui vis-à-vis de l'artiste, ce que demain on sera
peut-être trop heureux d'avoir occasion d'apprécier chez l'homme?

Voilà pourquoi les spectateurs sérieux savent
aussi bien tenir compte de la position de l'artiste. Malheureusement ils ne sont pas toujours
en majorité au théâtre; et c'est pour cela, que, si
je me suis imposé la tâche difficile de signaler
quelques abus, et d'indiquer le moyen de les re-

dresser, je me fais aussi un devoir de prendre
la défense de droits incontestablement inatta-
quables, lorsque ces droits sont le partage
d'artistes de mérite, et de gens honorables
dans la vie publique, aussi bien que dans la vie
privée.

Mes conclusions, les voici : le travail et la
science sont les titres de noblesse de l'artiste.

Que l'artiste travaille, et il finira par triompher de l'injustice ; car alors, on sera forcé de le
respecter sur la scène, aussi bien qu'à la ville.

Éclairer et charmer son auditoire, tel doit
être son but. C'est la conséquence de l'enseignement ; c'est pourquoi je me suis évertué à
prouver que pour enseigner aux autres, il faut
d'abord posséder et savoir ce que l'on veut enseigner.

Or, il faut avant tout être musicien, si l'on
désire devenir chanteur.

II

CHOIX D'UN PROFESSEUR.

Si l'art doit être un culte pour ceux qui s'y livrent, le professorat doit être un sacerdoce pour ceux qui le desservent; car c'est une grande et belle mission, qui relève à la fois l'art et la science, et qui, secondairement assure souvent une position lucrative au professeur.

Telle devrait être la pensée de tout musicien, ayant la prétention de diriger les études des jeunes chanteurs. On peut plus ou moins bien enseigner la musique, pourvu qu'on sache l'enseigner; l'élève subit, à la vérité, une perte de temps selon la valeur réelle de son maître, mais son avenir ne sera jamais compromis, car à tout prendre, il pourra toujours perfectionner ses études; tandis qu'une voix mal dirigée perd sa fraîcheur, et cette fraîcheur perdue, l'instrument, quelles que puissent être ses autres qualités, ne peut plus rien. Le charme nécessaire pour exprimer les sentiments divers a disparu; les nuances, qui seules forment le style, et qui sont de première nécessité pour bien chanter, deviennent imperceptibles, la carrière du chanteur est à jamais anéantie.

La question d'existence, les besoins matériels de la vie, pèsent sans doute lourdement dans la balance, et ces obligations exercent une influence toute naturelle sur le choix d'un professeur. C'est pourquoi, il serait désirable de rencontrer chez ce dernier, autre chose que l'avidité et l'intérêt; il devrait envisager l'avenir de l'élève, et c'est malheureusement ce point

essentiel que l'on traite trop légèrement aujour-
d'hui. Les chanteurs modernes n'ont plus cet
amour profond de l'art, qui distinguait les fer-
vents disciples de l'École italienne des xvii° et
xviii° siècles, et qui les déterminait à accepter
pour élèves des gens tout à fait ignorants, pour
en former de grands, de véritables artistes.
Jadis, on apprenait à chanter en apprenant à
devenir musicien; mais depuis lors, la science
musicale a été mise de côté, et de nos jours on
n'apprend plus, ni la musique, ni l'Art du Chant;
on se borne à faire donner le plus de voix possible, en poussant la note, et en émettant des sons
lourds, épais, incolores. Voilà les résultats de
l'enseignement actuel, appelé l'*École moderne.*

L'élève qui veut acquérir quelques notions de
chant, doit donc prendre des renseignements
bien précis sur le choix de son professeur, et
savoir avant tout, quelle est son école, quelle
est sa manière.

Si pour être professeur de chant, il y avait
des examens à passer comme dans l'enseigne-

ment universitaire, le danger serait moins grand pour l'élève, et l'art y trouverait de sérieuses garanties. Le Conservatoire de Paris devrait donner l'exemple, il devrait développer et encourager le professorat, en imitant en cela l'Université, et en ne décernant le titre et le droit d'enseigner, qu'à ceux qui en sont réellement capables. Les élèves alors sauraient à qui s'adresser, et ne seraient plus victimes comme ils le sont aujourd'hui. Ainsi, lorsque certains lauréats du Conservatoire renonceraient à la carrière théâtrale, et voudraient embrasser le professorat, la Commission Directrice, après leur avoir fait subir des examens sérieux, et avoir reconnu en eux la science musicale, l'élément du chant, le goût qu'il faut apporter pour bien professer, en un mot, toutes les qualités requises, cette Commission, dis-je, devrait leur délivrer un brevet de capacité, les protéger, et les placer dans tel ou tel Conservatoire de province, en attendant que des vacances se produisent dans le personnel des professeurs du Conservatoire de Paris. Cela s'est fait déjà, direz-vous? Je ne le conteste pas; mais cela s'est fait imparfaitement, et non comme résultat sérieux d'examens passés devant un jury compétent. Cela se pratique même encore; mais le diplôme est presque toujours dû à la protection et non au mérite du candidat, d'où je conclus alors que cela ne se fait pas.

J'ai d'ailleurs été à même de constater, par expérience, que nos grands chanteurs ne sont pas toujours les meilleurs professeurs, d'abord parce qu'ils veulent, pour la plupart, avoir une méthode à eux, être chefs d'école; et ensuite, parce qu'ils ont rarement la patience voulue, pour enseigner les premiers éléments du chant, qui consistent dans l'*Étude du clavier vocal, la pose et l'appui de la voix.*

Il faut posséder à la fois une grande aptitude et une ouïe très-délicate, pour rendre accessible à l'élève, et lui faire bien connaître, la nature du son qu'il émet. Sous ce rapport, maints professeurs en renom, épargnent trop leurs explications, et leurs soins; ou bien, s'ils prennent souci d'entrer dans de minutieux détails à cet égard, c'est pour tomber dans des systèmes exagérés.

La première qualité d'un professeur est d'analyser le sujet dont il doit diriger les études, et de développer ses qualités naturelles. Si l'élève a une voix légère, le professeur doit le diriger dans le chant léger, et non changer une émission de voix facile et alourdir les sons, en cherchant à développer chez cet élève le volume, par l'exagération du timbre, et surtout du timbre sombre. Toutes les voix ne peuvent avoir le même timbre, ni la même puissance; mais toutes les voix peuvent obtenir, par un travail bien dirigé, une souplesse et une facilité relatives. C'est pourquoi, tel ou tel système appliqué uniformément et d'une manière absolue, ne peut manquer de produire un effet désastreux, au lieu d'arriver à un résultat efficace; de plus, l'exercice continu de la voix sombrée, rend vicieuses la prononciation et l'articulation qui deviennent pâteuses, gutturales, et souvent inintelligibles. Il est bon de ne recourir au timbre sombre, que pour les phrases dramatiques. Mais en général, dans le chant, où tous les sentiments, toutes les passions doivent être indistinctement exprimés, il convient de s'en abstenir. En effet, s'il s'agit de chanter une phrase gracieuse et gaie, ou une mélodieuse romance, l'usage du timbre sombre répand une teinte blafarde sur le chant ; le son en est triste, lourd, étranglé, dépourvu de tout charme sympathique, et le visage contracté du chanteur rend ce son encore plus désagréable. Voilà bien des défauts pour un seul système.

Le Conservatoire de Paris, que l'on considère, peut-être à tort, comme la première institution de l'Europe, au point de vue du chant, n'a pas toujours eu des professeurs véritablement capables, compétents, et sérieux ; en voici un exemple.

Pauseron était autrefois professeur de chant. Je vénère sa mémoire, et mes simples observations ne terniront certes pas sa brillante réputation..... J'ai rendu hommage au mérite de

Pauseron, alors qu'il vivait; j'agis de même après sa mort; mais jamais je n'ai dissimulé la vérité à son égard. Or, je suis le premier à reconnaître que Pauseron avait un grand talent de musicien, d'harmoniste, et de compositeur; mais, je suis forcé aussi de reconnaître, que ces qualités ne pouvaient en aucune façon lui octroyer les connaissances nécessaires pour donner à ses élèves, une bonne émission, un bon développement de l'organe vocal, en un mot, tout ce qui constitue l'art de chanter. Qu'enseignait-il? Que préconisait-il? Son solfége et ses vocalises; mais, l'appui et l'égalité de la voix, le travail respiratoire, les enseignait-il d'une façon rationnelle et bien expérimentée? Certainement non.

Donc, Pauseron, comme professeur de chant était déclassé, il aurait dû rester dans sa spécialité, et ne pas sortir de sa sphère, c'est-à-dire, qu'il aurait dû se renfermer dans l'enseignement du solfége, et de l'harmonie. Néanmoins, on lui confia une classe de chant au Conservatoire de Paris.

A la même époque, Manuel Garcia, professeur émérite de l'Art du Chant, qui avait une méthode savante, analytique, claire et graduée, la première enfin qui fut aussi explicite, et qui eût, pour la vulgariser, l'appui d'un remarquable talent de professeur, Manuel Garcia, était constamment contrarié par le Comité d'examen, et en discussion avec ce Comité. Il entendait n'admettre dans sa classe que des élèves qui fussent musiciens. De plus, ayant conscience de son mérite, il voulait que ses élèves suivissent aveuglément ses conseils, et ne fussent pas distraits des exercices gradués, pour chanter des airs et des morceaux, aux examens trimestriels. L'opiniâtreté qu'il mit dans l'exécution de sa volonté, fit que, bien qu'il fût le plus capable de former de bons élèves et de continuer l'école de son père, l'école de Nourrit, de Malibran, et de Viardot, on le laissa s'éloigner, et se fixer à l'étranger. En peu de temps, il avait cependant fait preuve d'une grande capacité comme professeur; car pendant son séjour au Conservatoire, il forma des élèves qu'on peut citer, et qui ne brillaient guère par la richesse de l'organe : MM. Barbot (de l'Opéra-Comique), Bataille (professeur actuellement au Conservatoire), Bussine (de l'Opéra-Comique), Jourdan, Stokhausen, MM^{mes} Séguin, Douvry, Nantier, etc., etc., en sont autant d'exemples, et tous sont aujourd'hui des artistes en réputation.

Bien certainement, si Manuel Garcia était resté professeur, beaucoup d'autres artistes seraient sortis de son école, et la décadence eût été moins complète et plus lente. A la longue ses avis eussent porté fruit, on aurait vu l'édifice musical prêt à tomber en ruine, et on y eut porté remède avant l'écroulement, avant le cataclysme ; car Manuel Garcia répudiait la routine, et ses élèves auraient eu l'avantage d'avoir travaillé fort longtemps l'élément vocal avec le maître. De tout ceci, je conclus, que Pauseron était un professeur de musique, et Manuel Garcia, un véritable professeur de chant.

Le Conservatoire de Paris est esclave de la routine, ceci est de notoriété publique et je crois devoir signaler ici cet abus, dans l'intérêt des jeunes chanteurs et du professorat.

Le travail du solfége et le travail du clavier vocal sont deux choses bien distinctes. Il faut donc établir une grande distinction entre le professeur de chant, et le professeur de solfége.

Depuis que les chanteurs instruits ont disparu de la scène, pour être remplacés par des chanteurs, dont l'unique mérite est de se trouver en possession d'une voix plus ou moins étendue, plus ou moins puissante ; c'est-à-dire, depuis que des directeurs *spéculateurs* et *éleveurs*, ont fait de la voix une marchandise, les chefs d'orchestre se sont érigés fatalement en professeurs de chant. A de trop rares exceptions près, tous ont adopté la désastreuse manie de se poser en maître, et de prodiguer des conseils relatifs à l'émission vocale, sans avoir la moindre connaissance des principes essentiels, sur lesquels cette émission repose. C'est pourquoi, à grand'peine, ces entrepreneurs de voix, ces éleveurs d'artistes, n'ont réussi qu'à former des chanteurs d'actualité, selon les besoins de la direction à laquelle ils étaient attachés.

Ceci est tout simplement une importation italienne. Depuis quelques années en Italie, il y a l'élève du ténor, comme en France, en Belgique, en Allemagne, il y a l'élève du cheval. Ce système s'est impatronisé partout, depuis que les ouvrages de Verdi ont fait irruption sur la plupart des grandes scènes de la péninsule, ouvrages qui ne vivent d'ordinaire qu'une saison, celle dite du *carnaval*. C'est aussi ce qu'à grand regret on a vu s'implanter d'une manière assez fréquente, dans l'un des trois théâtres lyriques de Paris, où l'on s'attache à produire une étoile dans une pièce, et à sacrifier les satellites, qui forment l'entourage quotidien de cette passagère étoile.

On peut admettre qu'un chef d'orchestre, musicien dans la véritable acception du mot, puisse donner à un chanteur, qui ne connaît ni ses notes, ni la mesure, ni même le ton dans

lequel il chante (et cela arrive souvent au théâtre), des conseils sur le rhythme, sur le style, et
sur la manière d'interpréter la phrase musicale;
mais non sur la difficulté ou le mode d'émettre
un son, ce qui est tout différent. Aussi,
entend-on des voix jeunes et fraîches, qui,
bien dirigées en dehors du théâtre, auraient pu
arriver à un magnifique développement, à une
longue durée, être ainsi complétement sacrifiées. Ces voix jeunes et fraîches sont presque
toujours exploitées par un directeur, qui, non-
seulement les paye bon marché, mais encore
leur enlève la quintessence de l'organe vocal,
en les mettant entre les mains du chef d'orchestre, rien que pour leur apprendre un nombre
très-limité de rôles. Dans ce cas, les artistes
possesseurs de ces voix, arrivent en scène et
s'égosillent en présence d'un jury improvisé,
composé exclusivement du directeur et du chef
d'orchestre, qui ont la prétention de les former
et de compléter leur éducation musicale. Mais
une fois admis par ces terribles arbitres, qu'arrive-t-il? Il arrive que le chef d'orchestre,
qui devrait savoir (mais qui par malheur ne

s'en doute pas) qu'une voix non rompue à la
fatigue par l'étude, ne peut résister longtemps
sans s'abîmer, force l'artiste à donner plus de
son que ses moyens vocaux ne le comportent,
et il excite l'émulation du patient, en lui adressant l'allocution suivante :

« Allons ! Poussez donc !... Ferme !... De la
« voix !... Vous êtes mou !... Ne craignez donc
« pas !..... Poussez-moi la note tant que vous
« pourrez (*sic*). »

Voilà comment cela se joue, et les malheureux artistes, qui écoutent de semblables
paroles, COUAQUENT à chaque note aiguë, jusqu'à
extinction complète de la voix, et ils perdent pour
toujours la fraîcheur vocale, qui est, comme je
l'ai dit plus haut, la principale qualité d'un
chanteur.

Telle est cependant la situation de l'Art du
Chant dans les théâtres de la province. Je le
répète, un chef d'orchestre, sous ce rapport, est
incapable de donner un conseil à suivre, ou de

diriger une voix. Si, par exception, il parvient à le faire, c'est par à peu près, et avec des tâtonnements continuels, qui sont toujours préjudiciables aux chanteurs ; car, ces derniers, avec les efforts qu'ils font, perdent inévitablement la voix.

J'ai consigné ces observations pour les jeunes artistes non expérimentés. En travaillant assidûment, de manière à acquérir en classe les connaissances élémentaires de l'art, avant d'entrer au théâtre, ils auront le privilége de ménager leur voix, et d'acquérir à la longue un talent réel.

De même qu'on entend parler d'appointements exagérés, depuis que la liberté des théâtres a été décrétée, on entend également dire de toutes parts : « Il surgira nombre de chanteurs et d'artistes par suite de l'érection de nouvelles scènes. »

C'est là une profonde erreur, car on n'improvise pas des artistes. On se déforme au

théâtre; l'empirisme y règne sans contrôle.
On ne forme des élèves que dans les écoles;
c'est là seulement qu'on peut apprendre les éléments de l'art, et recevoir une éducation qui fait
de vous un chanteur. Au théâtre, on se rompt à
la fatigue, et quand on a de bons principes,
on les perfectionne, voilà tout. Mais, si la
science n'est pas là pour prévenir l'abus des
cris, et pour empêcher de sacrifier au mauvais
goût d'une certaine fraction du public, alors tout
est dit; car il n'y a plus de remède à porter au
mal, et on en est réduit à devenir routinier ou
mauvais artiste.

Ainsi que je l'ai développé déjà, on prend
alors un de ces pianistes, répétiteurs des théâtres
lyriques, qui donnent aussi des leçons d'émission
de voix; mais quelle émission!... Confié à de
pareilles mains, l'artiste, au bout de quelques
mois, et quoique jeune encore, n'a plus qu'une
voix cassée et tellement désagréable, qu'on
croirait entendre une voix de sexagénaire.
Pourquoi avoir la prétention d'enseigner aux
autres, ce qu'on ne s'est pas donné la peine

d'apprendre pour soi? La prétention ne suffit pas dans ce cas là ; ce qu'il faut, *c'est donner* des preuves d'un mérite réel, en formant des élèves, et des élèves instruits dans tous les ressorts de l'Art du Chant.

Encore un des graves abus que j'ai à signaler : c'est le déclassement et le déplacement des voix.

Bien des professeurs viennent vous dire :

« Vous n'avez qu'une voix de *baryton?* Cela n'est pas suffisant. En peu de temps, je veux métamorphoser votre organe, et vous donner une voix de *ténor.* »

Ils disent aussi :

« Vous avez une voix de *ténor léger;* c'est un joli genre ; mais, il vous faut une voix de *fort ténor,* c'est bien préférable. Je vais donc développer votre organe, et bientôt votre voix sera superbe ! »

Sous la direction d'un tel professeur, la jeunesse aidant, et aussi longtemps que l'instrument peut résister, les sons grossissent, et se développent par l'excès du timbre sombre, imposé à l'élève; mais la voix, instrument fragile, ne résiste pas longtemps à ces efforts violents. Cette façon de procéder étant la seule, à l'aide de laquelle les professeurs cherchent un résultat, l'élève ressent d'abord un peu de fatigue au larynx, et ensuite vient l'enrouement dans le médium de la voix. A ces premiers symptômes de maladie, l'élève suspend forcément son travail, la laryngite se déclare, et seulement lorsqu'il veut reprendre ses études, il s'aperçoit que le mal est déjà passé à l'état chronique, et qu'il doit renoncer à chanter. J'ai connu plusieurs sujets, qui ont été victimes de ce genre d'essai.

Si donc les voix ne durent pas, et s'il n'y a plus de chanteurs, c'est uniquement parce que les professeurs détruisent l'instrument chez des artistes jeunes et pleins d'avenir, en leur imposant des efforts exagérés. Il est incontestable que la voix se développe, à la suite d'un travail habilement dirigé, et que l'âge lui fait acquérir plus de force et de vigueur, mais on ne doit jamais tenter d'en changer la nature.

Je puis citer des exemples à l'appui de ce que j'avance.

Deux des pensionnaires avec lesquels j'ai fréquenté les cours du Conservatoire de Paris, avaient été reçus comme *barytons*. Leur voix avait une certaine facilité à monter dans le registre aigu, on voulut dès lors les ranger parmi les *ténors*. Qu'en est-il résulté? L'un n'a jamais eu la voix véritablement classée; il n'a été ténor qu'avec peine, et cependant il chante depuis peu de temps, les *barytons-Martin* avec succès, chose qu'il aurait dû faire plus tôt. L'autre, après avoir débuté à l'Opéra comme premier ténor, a vainement cherché à atteindre les notes exigées par son emploi, et sa voix barytonale, dans le médium, n'a jamais pu arriver aux effets de fort *ténor*, les notes aiguës n'étant pas faciles. Tous les deux possédaient cependant les qualités voulues, pour être dès le principe de brillants *barytons-Martin*. C'est donc une erreur bien nuisible pour l'élève que de chercher à déclasser, ou à déplacer la voix.

Le chant gracieux, la sévérité du style, la souplesse de l'organe vocal, la grande correction du rhythme, la prononciation et l'articulation pures et exemptes de défauts, l'attaque du son bien juste ; en un mot, toutes les qualités si nécessaires à acquérir pour devenir bon chanteur, ont été abandonnées par les professeurs. Ils se sont jetés à corps perdu dans le domaine exclusif des efforts violents, et des recherches anatomiques ; ils sacrifient les plus belles organisations au mauvais goût du public, et désirent seulement plaire à certains compositeurs qui, malheureusement, n'écrivent plus que pour des voix exceptionnelles, pour des spécialités, au lieu d'écrire, comme jadis, pour des emplois bien déterminés. J'ai souvent entendu dire, que Garcia père, chantait un soir *Othello* et le lendemain le *Barbier*. Interrogez la plupart de nos *forts ténors* modernes, et demandez-leur, s'ils pourraient en faire autant? Vous obtiendrez une réponse négative, et cela par une raison bien simple. Ils ne le pourraient pas, uniquement parce que l'école actuelle fait abnégation complète de la science, au profit du volume exagéré et d'une sorte de force brutale : tout le secret est là.

J'ai reçu les conseils de trois professeurs célèbres. Manuel Garcia, dont je regrette profondément de n'avoir pu être l'auditeur, que pendant six mois environ, au Conservatoire de Paris. Ponchard père, dont j'ai été l'élève et le répétiteur durant trois ans; et enfin Lamperti, avec lequel j'ai travaillé à Milan pendant une année.

Quoique peu encouragé par Manuel Garcia, j'ai cherché à utiliser sa méthode. Ses observations et le travail qu'il faisait faire dans sa classe, en procédant d'une façon tout à fait élémentaire, analytique et rationnelle, me servirent beaucoup; et cependant, ni ma voix, ni ma profession de musicien d'orchestre, ne plaisaient à ce professeur.

Je me retirai donc de sa classe, et je fus reçu dans celle de Ponchard, chanteur d'un goût exquis, d'un sentiment et d'un style musical parfaits, déclamateur par excellence de la musique classique. Avec lui, je passai rapidement sur l'élément vocal, pour arriver de suite à ce qu'il aimait de préférence à enseigner : l'articulation, la prononciation, la déclamation lyrique, le sentiment de la phrase musicale, le style et les traditions de la musique classique.

Il avouait qu'il n'aimait pas rester longtemps sur les exercices élémentaires. Pourtant, pour exprimer avec facilité à l'aide d'un instrument quelconque, il importe de le connaître et d'en posséder à fond le mécanisme. Il aimait mieux faire chanter un air, que de chercher à développer la voix, et pour donner de la légèreté à l'organe, pour l'assouplir, le maître faisait chanter les vocalises de Bordogni.

Après bien des essais, je me décidai à aborder l'école italienne, et je partis pour Milan, afin de travailler avec Lamperti. Je fis alors une étude élémentaire, comme je l'avais toujours désiré. Il me fit travailler l'appui et le développement de la voix, l'homogénéité du son, la souplesse, et la respiration, le tout par un moyen bien simple, que je voudrais mettre à la portée de tout le monde, par les procédés indiqués dans le troisième paragraphe de ce livre, sous la rubrique : *Bases de l'Art du Chant*. Je le désire d'autant plus, que c'est à Lamperti que je dois de pouvoir me servir de ma voix; c'est par la méthode simple et élémentaire à laquelle il m'a astreint, que ma voix a pu gagner de l'étendue, et atteindre les notes aiguës que je ne possédais pas. Sans lui, sans Lamperti, il m'eût été impossible de jamais me servir de ma voix d'une façon convenable, car à chaque instant les sons me manquaient.

Il n'existe donc qu'une bonne manière de professer le chant; c'est de procéder élémentairement, et analytiquement.

Je l'ai dit, je le répète, je ne saurais assez insister sur ce point? Le professeur devra exiger de son élève qu'il soit musicien ; s'il ne l'est pas, il doit le forcer à le devenir, par l'étude du solfége. Pendant les six premiers mois, il doit faire travailler l'émission, l'appui, l'égalité du clavier vocal, et la respiration au moyen de quelques exercices simples, et sans jamais négliger ce premier travail journalier, il peut après quelque temps, commencer l'application des exercices sur différentes voyelles. Pendant les six mois suivants, il doit entamer le travail d'agilité, par des fragments de gammes tels que, les exercices de tierces, de quartes, de quintes, etc., etc., puis arriver aux gammes selon les prescriptions de Manuel Garcia, en cherchant toujours l'égalité du son, et l'action facile de la respiration. Tel doit être l'emploi de la première année d'études.

La seconde année, tout en perfectionnant le travail de l'émission et de l'appui, doit être plus spécialement consacrée à l'agilité et au mécanisme de la voix, afin de régler convenablement les exercices, et de les exécuter sans fatigue pour les organes respiratoires. On devra, selon les progrès obtenus, joindre à cette étude, l'application d'émission du son sur quelques récitatifs largement écrits, et puisés dans les anciens ouvrages. On arrivera ainsi à une articulation nette, et à un relâchement sensible, à la fois des cordes vocales et du larynx. Ce travail complémentaire déterminera une prononciation, et une articulation toujours franche et pure, corollaire obligé des préliminaires du chant pour ceux qui veulent réellement savoir chanter.

La troisième année doit être employée à corriger les imperfections, en quelque sorte inhérentes aux études accomplies durant les deux années précédentes, en y joignant toutefois le travail de la phrase musicale isolée, le rhythme, et tout ce qui constitue le style; puis, en graduant les airs et morceaux de l'ancien répertoire.

D'après cette marche ascendante, on voit qu'il faut consacrer au moins trois années, pour ébaucher un élève, c'est-à-dire pour le mettre à même de travailler seul; car après ces trois années d'études, il ne connait que les éléments fondamentaux de la science du chant. Une constante pratique, et une courageuse persévérance dans cet ordre d'idées, peuvent seules le faire arriver à devenir véritablement un chanteur hors ligne, mais encore faut-il que l'élève soit doué d'une intelligence peu rebelle, et d'un bon instrument.

De même que tous les autres arts, le chant réclame des études suivies, et de même que tous les autres instruments, la voix réclame des exercices quotidiens. Du jour où l'on ne cherche plus à perfectionner son chant, non-seulement on perd les qualités vocales dont la nature vous a favorisé, mais on oublie la science acquise, et on altère la confiance que cette science vous donne, et qui est l'une des choses les plus nécessaires à l'artiste. J'entends ici par confiance, la conscience du travail auquel on s'est longtemps livré, et non ce ridicule amour-propre, cette absurde personnalité, que l'on rencontre trop souvent, il faut l'avouer, mais qui sont l'apanage de l'ignorance, et qui constituent autant de péchés mignons, chez bien des chanteurs, qui prétendent avoir la science infuse, alors qu'ils n'ont en partage que la sottise. Pour acquérir cette confiance, il faut s'appesantir longtemps sur la base, sur les éléments du chant et de la musique : c'est la clef de voûte.

Le professeur qui néglige ce premier travail dans ses cours, n'est pas à la hauteur de sa mission, et ne remplit pas son mandat.

On peut donc, plus que jamais, apprécier la justesse des avis énoncés dès le début de ce paragraphe. Quel résultat doit-on obtenir, sans le secours d'une voix bien posée, et bien homogène, sans une respiration facile ? Aucun comme effet, aucun, comme vérité d'expression ; mais on arrive à des cris, à des sons désagréables, et on fait entendre une respiration lourde, embarrassée, qui gène et indispose l'auditoire, et mérite parfois à l'artiste, l'épithète cruelle de *soufflet sympathique.*

Il en est de la voix comme des instruments à

vent : le travail préparatoire de la respiration doit être enseigné, et on compte bien peu de professeurs, assez consciencieux, pour prendre à tâche de développer chez leurs élèves, cette qualité essentielle.

Je conviens qu'au Conservatoire de Paris, et partant, dans maintes autres institutions de ce genre, je conviens, dis-je, qu'il est difficile, impossible même, de s'appesantir sur les principes élémentaires du chant, puisqu'au bout de trois mois, l'élève doit pouvoir chanter un air. Mais pourquoi chanter un air? Le Comité s'apercevrait bien davantage des progrès de l'élève, si le travail élémentaire était enseigné d'une manière plus sérieuse, et si l'élève venait devant lui répéter les exercices, qu'il fait journellement sous les yeux du professeur. Les examens trimestriels auraient alors un intérêt qu'ils n'ont pas aujourd'hui. Les examinateurs constateraient, par eux-mêmes, ce qu'il conviendrait de modifier dans le travail imposé à l'élève, et pourraient, en même temps, beaucoup mieux apprécier les résultats de la marche progressive des études. Ce serait plus logique aussi, pour l'élève qui se voit obligé d'abandonner ses exercices, pour apprendre un air, qui n'est, en définitive, que le résumé d'un mécanisme qu'il ne possède pas encore. On se borne donc à exercer très-superficiellement les jeunes chanteurs, uniquement en vue d'éblouir l'autorité supérieure, sur un résultat d'ensemble, sans aucun fondement. Seulement plus tard, lorsque l'élève, livré à lui-même, paraît devant le public, il s'aperçoit que ce qu'il a fait pendant trois ans au Conservatoire, est un simple travail d'amateur, et que pour parvenir à quelque chose, il est forcé de tout recommencer.

Qu'on soit bien convaincu que si on rencontre peu, ou point de bons chanteurs, c'est parce qu'il n'y a plus de professeurs de chant, et que le Conservatoire de Paris néglige d'en former. De cette importante institution ne devraient surgir que des chanteurs vraiment instruits, tandis que maints premiers prix, qui en sortent, sont, et restent incapables de déchiffrer convenablement la moindre leçon de solfège. C'est triste à avouer, mais c'est ainsi ; et pour que personne n'en ignore, je le dis ; car il est aussi déplorable que nuisible, de voir ainsi couronner et récompenser l'ignorance. L'élève-lauréat suppose dès lors n'avoir plus rien à apprendre, parce que la nature lui a donné une belle voix ; de sorte que c'est l'instrument que l'on récompense et non l'intelligence, le travail, la science acquise.

Puisqu'après trois années d'études, les voix sont presque toujours fatiguées, j'en reviens à ceci : Pourquoi ne pas forcer, avant tout, les élèves à s'instruire, afin de leur conserver une voix fraîche, après un travail bien compris ?

Ponchard père, Levasseur, Duprez, Chollet, Roger, n'étaient-ils pas musiciens avant de commencer leurs études vocales ? Sans doute ; mais pourquoi ? Parce qu'à cette époque, on exigeait, qu'au préalable, l'élève ait acquis des connaissances musicales suffisantes ; tandis qu'à présent, le Comité d'examen se contente de trouver plus ou moins de voix chez l'élève, et n'en demande pas davantage. De là, vient : 1° la pénurie de chanteurs, tant à Paris qu'en province ; 2° la décadence complète de l'art de chanter ; 3° les récompenses et les brevets de capacité, décernés à l'ignorance ; 4° l'encouragement des cris poussés avec une force toute brutale, et 5° l'indifférence de la part de la minorité intelligente et musicienne du public.

Est-ce pour en arriver là que le gouvernement a fondé des Conservatoires ? Je ne le pense pas. Ces institutions devraient être l'une des gloires de la France ! Et cependant, comme je crois l'avoir prouvé, l'institution musicale la plus privilégiée se trouve être la plus faible. Il en sort, chaque année d'excellents instrumentistes et harmonistes, et quand, par intervalles de cinq ou six ans, on en voit surgir un chanteur passable, on crie au miracle !

Les élèves-chanteurs sont néanmoins les seuls qui jouissent d'un privilège. Ils ont un pensionnat ; ils sont nourris, habillés et logés aux frais de l'État ; ils ont tout sous la main pour s'instruire, bibliothèque, professeurs, etc., rien ne leur manque, et ce sont précisément ceux-là qui en sortent comme autant de fruits secs.

Oui, je l'affirme sans crainte, il existe un grand vice dans l'enseignement, et surtout une pernicieuse routine dont on ne veut pas départir. A peine l'élève est-il dégrossi, qu'on lui conseille d'aller en province pour se former. Cette mission n'appartient-elle pas plutôt au Conservatoire? Car la pratique n'est plus rien, lorsque le fond théorique existe. Quelques élèves ont certes fait preuve de qualités brillantes dès leurs débuts, témoins : Bataille (actuellement professeur), Bussine, Faure et Bonehée; les trois premiers étaient musiciens avant d'avoir été admis, et le quatrième est un des rares exemples du travail; mais après eux, il n'y a plus personne à citer. La décadence peut-elle être plus évidente?

Du jour où il sera interdit aux élèves destinés au chant de s'écarter d'un programme d'études graduées, et non d'études simultanées;

du jour, où à leur égard, on sera aussi sévère qu'on l'est vis-à-vis de ceux qui suivent les classes d'instruments; du jour, où l'on procédera pour l'éducation musicale, de la même façon que pour la musique instrumentale, et où l'on mettra le temps voulu pour former les chanteurs; dès ce jour aussi une amélioration sensible se produira, et on aura, à Paris et en province, des artistes véritables et durables.

Pour cela, il faut des réformes administratives; il faut que les pensionnaires du Conservatoire prennent obligatoirement le temps de devenir musiciens, lorsqu'ils ne le sont pas : ils n'en deviendront que plus facilement chanteurs et comédiens par la suite. Mais si au lieu de cela, on continue de donner simultanément à l'élève qui arrive, des classes de solfége, de piano, de chant, d'opéra, d'opéra-comique, d'ensemble, et en outre, s'il doit faire supplémentairement des études pour des exercices publics ou des représentations, circonstances durant lesquelles quatre ou cinq élèves travaillent, tandis que plus de soixante chantent les chœurs ou figurent, c'est perdre un temps précieux, qui devrait être employé à des études fructueuses. Je cite ces faits, parce que moi-même j'ai dû, en pareille occurence, servir de choriste, et passer des journées entières, appuyé contre un portant de coulisse, alors que j'aurais pu utiliser bien autrement tant d'heures sacrifiées en pure perte. Ce système donne, en outre, toute latitude à la paresse chez les uns, et provoque chez les autres une cause de légitimes regrets. La durée des cours est déjà bien insuffisante, en raison du nombre des élèves; or, si, au peu d'instants consacrés à chacun d'eux comme leçon, on enlève encore le temps des classes, pour des répétitions ou des figurations, que reste-il pour le travail musical proprement dit?

Cette façon de procéder neutralise les efforts des professeurs, qui voudraient s'occuper sérieusement de leurs élèves, et en voici la raison. Un élève, ayant quelques dispositions, mais dont le travail élémentaire n'est pas encore fait, est choisi pour chanter un rôle. Le voilà par conséquent distrait de ses études de chant;

mais il est plus récréatif de chanter, que de faire des exercices. L'élève néglige donc tout pour apprendre son rôle, et le professeur consciencieux voit tourner à rien les efforts qu'il s'est donnés ; car l'élève n'étant pas encore assez expérimenté, contracte nécessairement des défauts, et pas autre chose. La mesure est donc fatale pour l'élève autant que pour l'art ; mais le professeur est obligé de courber la tête, parce que cette mesure est imposée par ordre supérieur !...

Ce n'est pas tout. L'élève se voyant l'interprète d'un rôle, suppose, dans ce cas aussi, et avec quelque raison, qu'il ne lui reste plus rien à apprendre. Il n'écoute plus les conseils de son professeur ; il chante son rôle avec plus ou moins d'efforts et de contraction ; sa voix se fatigue, par le fait d'un manque de savoir et d'expérience ; il ne chante plus, il crie, et se traîne ainsi, sans travailler, pendant deux ans. On lui décerne alors un prix pour s'en débarrasser ; et la pauvre dupe, part pour la province, où elle achève de se briser la voix.

Telle est l'histoire de la grande majorité des pensionnaires du Conservatoire de Paris. Entre autres exemples, je puis citer le ténor Ferrand qui, à peine sorti des classes, est allé se rompre un vaisseau de la poitrine, et mourir sur la scène de Gand !...

Ferrand avait cependant été considéré comme un élu ; car en arrivant de sa province, il avait été choisi pour chanter le rôle si difficile du *Comte Ory*. S'il avait eu un peu d'expérience, s'il avait acquis la moindre science, ce malheur ne lui serait pas arrivé.

Je pourrais citer encore le petit Renard, qui, est mort au pensionnat même du Conservatoire de Paris, en voulant imiter Duprez. Ce sont des faits dont l'authenticité ne saurait être révoquée en doute.

Quand les professeurs seront maîtres chez eux ; quand ils ne seront plus entravés dans la marche de leurs cours ; quand le Comité encouragera les études élémentaires, et exigera qu'elles soient approfondies ; alors ces professeurs reprendront *courage*, et feront de bons élèves.

« Le plus noble désir de celui qui rend un service doit être d'offrir à l'obligé l'occasion de le reconnaître. » Or, en applaudissant de bon cœur, dans la *Recherche du bien*, au grand sens de cette pensée, j'exprime sincèrement le vœu de voir introduire ces utiles réformes dans l'enseignement. Si on entrait franchement dans cette voie de réformes, ce serait le cas d'exiger que les professeurs prouvassent leur aptitude, par de sérieux résultats, et que les jeunes chanteurs fissent choix de professeurs capables d'enseigner l'émission et l'appui, avant de se livrer aux difficultés et à la vocalisation. Ce serait peut-être un moyen d'abréger la durée des études ! Au point de vue économique, c'est une considération sur laquelle il n'est pas indifférent d'appeler l'attention de l'Administration supérieure.

Mais à part les motifs péremptoires énoncés

ci-dessus, pour déterminer l'élève à bien veiller au choix de son professeur, il en est un qui parlera peut être plus fort encore à leur raison.

Le chanteur dont l'éducation musicale aura été sagement dirigée, saura toujours se tirer d'affaire, lorsqu'il ne sera plus en possession de tous ses moyens vocaux. Quotidiennement on voit le contraire se produire chez des chanteurs qui n'ont pas reçu cette éducation au début de leur carrière; ils chantent avec la voix plus ou moins belle que Dieu leur a donnée, et la science ne leur venant pas en aide, pour discipliner et diriger leurs efforts, la fatigue arrive, la fraîcheur de l'instrument s'en va, et deux ou trois ans après, au moment d'arriver à la réputation et à l'apogée, ils disparaissent; avenir, gloire, fortune, tout est anéanti, et ils peuvent s'écrier avec Boileau : « Je ne suis plus rien de ce que j'étais, et pour comble de misère, il me reste un malheureux souvenir de ce que j'ai été ! »

Ne vaut-il pas mieux chanter un peu moins

fort et chanter plus longtemps? Tout le monde
y gagnerait, le chanteur aussi bien que l'auditoire. Il n'est pas difficile de payer comptant,
comme ils le disent, puisque c'est tout simplement savoir bien crier; mais il est très-difficile
de savoir bien chanter.

C'est pourquoi je recommande une dernière
fois aux jeunes artistes, de choisir pour professeur un chanteur, et surtout un chanteur
musicien; car, mieux qu'aucun autre, ce professeur saura guider leur voix, sans les fatiguer
avec ces tâtonnements continuels, qui constituent tout le savoir de ces brise-voix, appelés
pianistes, répétiteurs, instrumentistes ou chefs
d'orchestre quelconques : « L'Église honore ses
martyrs, et elle a raison, » dit le philosophe
Martha. Il appartient à la science musicale,
d'honorer et de plaindre les siens!...

III

BASES DE L'ART DU CHANT.

Le point soulevé dans ce paragraphe se rattache à certaines difficultés, qu'il convient de traiter en détail, et qui nécessitent quelques développements. C'est ce qui m'engage à examiner spécialement, et tour à tour, les principes qui doivent être respectivement pris comme guide pour *la Respiration*, *l'Attaque du son*, *l'Émission*, et *l'Égalité du clavier vocal*, dans toute son étendue.

8

Ce n'est nullement une méthode que je veux faire prévaloir sur une autre, je veux seulement indiquer la route à suivre par les jeunes artistes, et leur offrir ainsi un fil conducteur, à l'aide duquel ils puissent éviter de se fourvoyer désormais. On a beaucoup trop longtemps négligé ces éléments essentiels ; c'est pourquoi je veux essayer de les mettre en lumière et à la portée de tous, car sans l'emploi de ces pierres angulaires de l'édifice vocal, il est impossible d'acquérir un véritable talent.

A regret, je dois encore rappeler ici quelques circonstances qui me sont personnelles. Dans le cours de mon éducation musicale, on a méconnu la puissance et l'efficace influence de ces éléments ; de sorte que j'ai débuté au théâtre avant d'être parvenu à me servir facilement de ma voix, et surtout du registre aigu de poitrine. C'est ce qui pouvait m'arriver de plus fatal ; c'est ce qui, à maintes reprises, a failli compromettre toute ma carrière artistique. J'en étais là cependant, quoique musicien, et je chantais en quelque sorte sans voix. Alors, comme je l'ai dit dans le premier paragraphe de ce livre, j'eus recours à Lamperti, qui a maintenu intactes toutes les saines traditions de l'art de chanter, et je lui paye ici un modeste tribut de reconnaissance. C'est au travail que cet éminent professeur m'a fait entreprendre, que je dois d'être aujourd'hui ce que je suis, d'occuper au théâtre un emploi modeste, je l'avoue, mais au moins de savoir chanter de manière à mériter l'approbation des connaisseurs, et des juges impartiaux. Lamperti, malgré toute sa science, ne pouvait me donner ce que la nature m'avait refusé : une voix brillante, sonore, exceptionnelle.

Le travail auquel je me suis livré, travail des plus simples, quoique très-intelligent et très-raisonné, je vais le révéler aux jeunes chanteurs.

En présence des différents systèmes qui ont cours, peut-être me trouverai-je en contradiction avec bien des professeurs, surtout avec ceux qui ne recherchent que le timbre sombre, et l'exagération du volume de voix. Il serait certes facile de leur opposer le nombre de leurs victimes, par suite d'un mode d'enseignement complétement vicieux; mais j'aurai le courage de poursuivre mon but, et de mettre néanmoins en relief la manière la plus naturelle de procéder, pour arriver, nonobstant le travail, à conserver à la voix toute sa fraîcheur et toute son étendue.

Ce n'est nullement en poussant d'étranges râlements du haut en bas de la voix, ou par des frottements sur les cordes vocales, pas plus que par bien d'autres inventions, plus ou moins bizarres, plus ou moins absurdes, qu'on doit chercher l'appui et la plantation du son. La fraîcheur et le timbre de la voix sont trop fragiles pour être maniés d'une façon aussi brutale. Il faut avant tout chercher la voix dans son véritable foyer, qui est la poitrine. Il faut rendre le tube vocal, à la naissance du gosier, assez souple pour en obtenir aisément l'ouverture, et donner au son toute sa rondeur, toute sa pureté.

Il importe de ne pas perdre de vue, que la voix est un instrument qui a besoin d'être travaillé et dirigé comme tous les autres, lorsqu'on a l'intention d'en tirer parti. Naturellement celui qui a négligé l'étude des principes élémentaires, sera infailliblement arrêté tôt ou tard par d'insurmontables difficultés, non-seulement dans l'émission des sons, mais successivement dans toutes les parties constitutives de l'Art du Chant.

Comme tout artiste éminent, comme tout maître, tout novateur, Lamperti a eu aussi des ennemis, des détracteurs. Sa méthode n'en détrône pas moins les autres, et je déclare avec une entière sincérité, que les exercices appliqués à la manière dont l'enseigne Lamperti, sont éminemment propres à conduire au but, d'une manière sûre et relativement prompte. Reste maintenant à exposer l'emploi de ces exercices; j'en reviens donc aux subdivisions de l'Art du Chant, savoir : la Respiration, l'Attaque, l'Émission, et l'Égalité du clavier vocal.

a. LA RESPIRATION.

La première chose que doit connaître l'élève, c'est la manière de bien respirer. Manuel Garcia, dans son *Traité sur l'Art du Chant*, s'exprime ainsi :

« On ne saurait être habile chanteur si l'on ne possède pas l'art de maîtriser sa respiration.

« Le phénomène de la respiration se compose d'une double action : la première est l'inspiration, action par laquelle les poumons attirent l'air extérieur ; la seconde est l'expiration qui leur fait rendre l'air reçu.

« Pour inspirer facilement, ayez la tête droite, les épaules effacées, et la poitrine libre. *Soulevez la poitrine par un mouvement lent et régulier, et rentrez le creux de l'estomac.* Dès l'instant où vous commencerez à exécuter ces deux mouvements, les poumons iront se dilatant jusqu'à ce qu'ils soient remplis d'air.

. . . .

« ..... Pour que l'air puisse pénétrer dans les poumons, il faut que les côtes s'écartent et que le diaphragme s'abaisse ; l'air remplit alors les poumons. Si dans cet état de choses, on laisse retomber les côtes et se soulever le diaphragme, les poumons, pressés de tous côtés comme une éponge sous la main, abandonnent à l'instant l'air qu'ils avaient inspiré. Il faut donc ne laisser retomber les côtes et ne relâcher le diaphragme qu'autant qu'il est nécessaire pour alimenter le son. »

Cette définition, bien que très-remarquable, est cependant contredite sur certains points, par Lamperti, qui combat ce grand développement de la poitrine pour respirer. Il amène ses élèves à ce même résultat, sans plus d'efforts que s'il s'agissait d'une simple conversation. Cette façon de procéder, aussi facile que naturelle, est celle que je préconise et que je recommande. L'élève devra mettre toute son application à obtenir ce résultat, en aspirant l'air avec tranquillité, et sans que cette aspiration donne lieu au moindre bruit du gosier, toutes les fois qu'il en sentira le besoin, et il aura soin d'éviter d'introduire dans les poumons plus d'air qu'il n'en faut pour alimenter le son. Ce qu'il devra surtout rechercher, c'est de maintenir la respiration aussi longtemps que se prolongera le son, au lieu de laisser échapper l'air au moment de l'émission. Il mettra ensuite la respiration en rapport avec la nature des exercices, pour faciliter l'action et le jeu des poumons, et pour préparer ainsi d'avance, le travail qui s'opérera ultérieurement, dans l'exécution des morceaux qu'il devra chanter.

C'est au moyen d'une respiration bien réglée et bien établie, que le chanteur parvient à ménager des effets, des nuances, des oppositions. L'élève doit donc s'attacher scrupuleusement à ce premier travail respiratoire, dès les premiers sons qu'il émet, dans ses études de chant. Après avoir bien compris la manière de respirer, il faut s'occuper de l'Attaque.

b. L'ATTAQUE DU SON.

Pour attaquer le son avec justesse et netteté, sans laisser échapper l'air des poumons, Manuel Garcia recommande le coup de glotte, qui empêche le son d'avoir une traînée soit au-dessous, soit au-dessus de la note, défaut commun à beaucoup de chanteurs. Contrairement à l'opinion de Garcia, je crois avec Lamperti, que le pincement de la glotte peut avoir des inconvénients; en ce sens qu'il rend le son guttural, et arrête la vibration au passage. En effet, après le pincement vient nécessairement la dilatation, surtout quand il s'agit d'émettre un son ouvert. En outre, il est bon d'observer que ce procédé réclame déjà une certaine expérience chez l'élève, ce qui ajoute encore à la difficulté de son application. Je ne conseille donc le coup de glotte, que pour attaquer les notes écrites sur des voyelles. Maintenant, quand il s'agit d'étudier, j'insiste pour que l'on adopte de préférence, la syllabe *la*.

Cette syllabe a le grand avantage de préparer l'ouverture du *pharynx*, autrement dit le fond de la bouche, de façon à laisser le tube vocal entièrement ouvert, bien relâché, et en même temps d'arrêter les mauvaises dispositions que pourrait avoir l'élève, à rétrécir le larynx et à rapprocher les amygdales. La lettre *l*, est d'ailleurs une bonne préparation, exempte de toute dureté pour la voyelle *a*. En effet, cette voyelle permet de placer horizontalement la langue, le long de la partie inférieure de la bouche, de manière à mettre à découvert le tube vocal, et détermine bien la vibration sur toutes les cordes de la voix. Il faut éviter avec soin de laisser remonter la pointe de la langue vers le voile du palais, pendant l'émission du son. Il est donc établi que l'*a clair* et ouvert, doit servir indistinctement pour toutes les notes, dans l'exécution des exercices.

J'en arrive maintenant à l'Émission.

c. L'ÉMISSION.

Tout d'abord, il y a grand avantage à commencer par des intervalles disjoints, pour travailler l'appui et l'émission de la voix. Les notes par tierces supérieures ont entre elles une affinité, qui fait sentir le déplacement et la contraction du larynx, infiniment mieux qu'en prenant les sons séparément et par demi-tons, dans toute l'étendue de la voix. Les intervalles dis-

joints permettent, en outre, de rapprocher aisément le son aigu du son grave, et d'en apercevoir les défectuosités, rien qu'en se rappelant
le son grave, dont l'émission est toujours plus
facile, et en y recourant comme point d'appui.
Le son grave étant ainsi naturellement relâché
et détendu, il faut que le son placé à la tierce
supérieure, lui soit substitué, par une force
d'attraction, et nullement en poussant avec
vigueur, comme cela se pratique quelquefois.

Cette puissance attractive se produit, rien que
par l'abaissement et le grand relâchement du
larynx.

En principe donc : chaque note supérieure
doit s'appuyer sur la note inférieure, et la note
la plus aiguë sur la note la plus grave; c'est-à-
dire que, ainsi qu'on l'a déjà vu, la voix, quelle
que soit son étendue, doit rester tout entière
dans son foyer. Pour obtenir ce résultat, il suffit
d'abaisser le larynx, et de laisser ainsi à découvert le tube vocal; d'abord, pour que les sons
aigus acquièrent le même relâchement que les

sons graves, et ensuite pour que toutes les vibrations viennent s'appuyer et prendre racine sur les cordes vocales.

De même qu'on doit arriver à maîtriser le larynx , dans la marche ascendante de l'échelle chromatique, de même aussi, on doit pouvoir le maintenir dans la marche descendante, à défaut de quoi le larynx tend toujours à se déplacer plus qu'il ne le faut, pour revenir à la note inférieure. Il faut considérer la voix comme un clavier, dont chaque note, par suite de l'étude et du travail, se place systématiquement comme les touches d'un piano. Quand un pianiste, à l'aide d'un mécanisme bien exercé, s'est rendu maître de son clavier, il le manie avec aisance, avec facilité ; eh bien, il en est exactement de même du chanteur, quand sa voix est bien plantée, bien appuyée.

Pour rendre plus saisissable encore ce qui précède, je vais l'appuyer d'un exemple, en faisant observer qu'on transposera succesivement l'exercice dans le tons de *ré bémol*, *ré naturel*, *mi bémol, mi naturel, fa naturel, fa dièze, sol naturel* et *la bémol.*

Il faut avoir soin de soutenir le son avec égalité pendant toute sa durée.

Cet exercice se trouve dans toutes les méthodes ; mais la direction du travail, sur ce même exercice, étant toute différente, il acquiert par cela seul une bien autre importance.

Je prends pour point de départ le *do grave* de la voix de ténor (1). Cette note est bien dans le foyer du registre de poitrine, et n'obtient de timbre qu'à l'aide d'un grand relâchement du larynx, et en comprimant l'air contenu dans les poumons.

(1) Si l'*ut grave* du ténor n'était pas assez timbré, l'élève prendrait pour point de départ le *ré* ou le *mi*.

Le baryton doit prendre pour point de départ le *la*, et la basse le *sol*.

Dans le principe il est bon de répéter plusieurs fois l'attaque sur la même note, toujours au moyen de la syllabe *la*, afin, je le redis encore, de bien préparer l'ouverture du pharynx, et d'obtenir toute la vibration que la voix peut comporter. Il faut aussi ne pas oublier, que le son supérieur *mi*, doit venir s'appuyer sur le son inférieur *do*; le son supérieur *sol* sur le *mi*, et ainsi de suite jusqu'aux notes de poitrine les plus aiguës.

Après avoir pratiqué quelque temps ce premier exercice, d'après le mode expliqué ci-dessus, on le reprendra, en ne respirant qu'une seule fois, après chaque arpège.

On entamera ensuite l'étude des octaves. Ici encore, tout ce qui a été dit plus haut, s'applique à ce nouvel exercice, dont la première octave est désignée pour rapprocher la distance, et la seconde pour étudier la qualité du son d'après sa durée.

On doit constamment s'attacher, même dans le plus grand intervalle, à amener la note supérieure à la même place que la note inférieure, et veiller à ce que la note aiguë prenne son principe d'émission sur la note grave, sans toutefois rien déplacer, et toujours avec le même timbre, avec la même facilité.

Lorsqu'on abandonne une note pour respirer, il est important de ne pas déplacer l'appareil vocal, de ne pas changer la disposition de la bouche, et enfin de ne pas laisser échapper la colonne d'air renfermée dans les poumons.

On se convaincra, sans peine, que par une inspiration complète de l'air, il se produirait infailliblement une respiration bruyante, une contraction du tube vocal, un frottement, et un râle désagréable sur le larynx. La netteté et la pureté du son en seraient altérées d'une manière sensible, et la voix finirait par perdre une grande partie de sa fraîcheur.

L'élève, pour bien reconnaître les mouvements qui s'opèrent dans l'appareil vocal, doit autant que possible travailler isolément. Il parviendra indubitablement, en suivant les avis que je viens d'exposer, et en se livrant à la fois à une observation constante et à une sérieuse étude, il parviendra, dis-je, à constater le relâchement du larynx, et à découvrir ses propres défauts avec autant de facilité, que s'il les touchait du doigt.

Les systèmes en usage pour faire travailler

l'émission au moyen de gammes chromatiques, c'est-à-dire par demi-tons, du bas en haut de l'échelle vocale, sont cause que l'élève marche au hasard, sans direction fixe, sans base d'études. Il perd à chaque note le souvenir de celle qui a précédé, et n'a plus de point d'appui ; tandis qu'avec les exercices, que d'après le système de Lamperti, je viens de leur signaler, et qui ont pour base l'appui de la voix et la plantation de chaque son, l'élève trouve sans cesse un terme de comparaison dans le son grave, qu'il donne ou qu'il retient avec facilité, et sur lequel il peut toujours revenir, pour ramener le relâchement du larynx, et la souplesse de la voix.

d. ÉGALITÉ DU CLAVIER VOCAL.

Lorsque, après un travail sérieux et intelligent, dont la durée peut être fixée en moyenne à un mois environ, l'élève commencera à maîtriser sa voix, il modifiera les premiers exercices, en attaquant le son grave; mais toujours avec la syllabe *la*, et en liant cette première

note aux autres sons, afin d'arriver à l'égalité
de la voix dans toute son étendue :

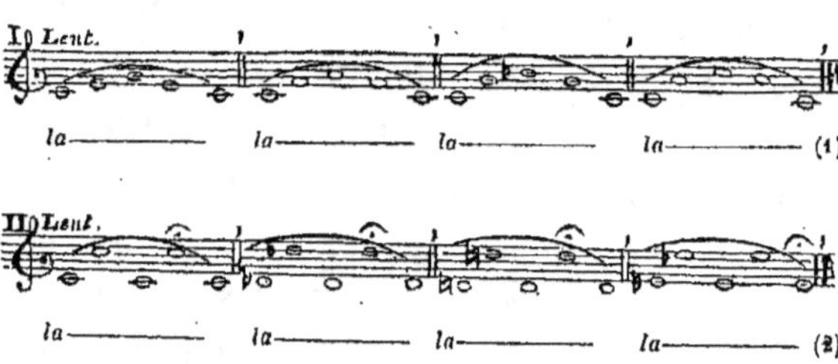

Pourtant, comme il importe d'éviter avec soin
la contraction, et que le premier exercice lié
pourrait, dans certains cas, être un peu long
pour une seule respiration, rien ne s'oppose à
ce qu'on le divise en deux parties :

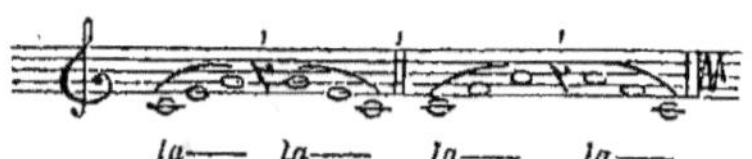

En commençant, il est difficile de franchir
l'intervalle avec la liaison, sans qu'il se produise

(1) Transposez par demi-tons, jusqu'au *la* bémol.
(2) Continuez l'exercice jusqu'au *la* bémol.

un choc, ou un rétrécissement dans le larynx. Généralement, les élèves déplacent beaucoup trop le son pour revenir ensuite sur l'intervalle ; c'est même le défaut ordinaire. On tend toujours à faire monter la voix avec le son, de sorte que le son se trouve alors lancé sans avoir aucun appui. C'est pourquoi, il convient d'apporter la plus grande attention à soutenir le son, et à comprimer l'air, en passant de la note inférieure à la note supérieure, sans se permettre ni choc, ni port de voix, et cependant sans interruption d'un son à l'autre.

Les sons dépendent tellement les uns des autres, il y a entr'eux une corrélation telle, que si le son grave n'est pas bien à sa place et bien souple, la note supérieure sera toujours défectueuse. On peut surtout l'apprécier dans les intervalles de sixtes et d'octaves.

Le préjugé contraire à cette règle est tellement enraciné, que maints chanteurs se persuadent que plus l'intervalle est grand, plus il semble qu'il faille rétrécir et déplacer le larynx, pour arriver à la note supérieure. C'est là une erreur, pour ne pas dire une absurdité, et il importe de la combattre.

Pour faire un intervalle de sixte ou d'octave, le larynx ne doit pas plus se déplacer, ni se rétrécir, que pour faire un intervalle de seconde. D'ailleurs, en recherchant l'abaissement du larynx et l'appui de la voix, pour émettre les sons aigus, n'est-il pas positif que le voile du palais tend à s'élever. Cet effet doit nécessairement se produire, mais il faut qu'il se produise sans exagération, selon la note et selon la place qu'elle occupe dans l'échelle vocale. Je dois aussi faire remarquer qu'il est essentiel que l'élève, en montant au registre aigu, cherche plus d'appui dans la poitrine que dans le voile du palais, dont la fonction se réduit au rôle de réflecteur de la vibration, pour reporter ensuite cette vibration en dehors de la cloison buccale.

La plus grande des difficultés à vaincre pour un ténor, réside dans la bonne émission des

notes suivantes du médium de la voix; savoir :
do et *do dièze* :

Pour corriger le rétrécissement du larynx qui se produit naturellement en émettant ces deux notes, et en même temps pour égaliser le clavier vocal, il faut, tout en conservant l'abaissement, soulever légèrement lé voile du palais, en procédant comme s'il s'agissait d'un léger bâillement. On donnera ainsi de la rondeur au son, sans pour cela le faire tomber dans le domaine de ce que l'on appelle le timbre sombre.

La mobilité du voile du palais sert à empêcher l'altération de la voyelle *a*. Si alors le son devient grave, il faut en conclure que le voile du palais est trop élevé. Si, au contraire, le son est resserré, et que la sonorité de la voyelle se rapproche de la consonnance *ai* plutôt que de la consonnance *a*, c'est que le voile est trop bas, par suite d'un rapprochement trop sensible de la base de la langue.

La même difficulté se produit aussi dans l'émission des notes *fa* et *fa dièze* du registre aigu :

On la surmonte en procédant exactement de la manière qui vient d'être indiquée.

A partir du *mi aigu*, bien des professeurs font prendre aux élèves le timbre sombre, sous prétexte d'arrondir les notes, de les rendre moins blanches, moins criardes, que sais-je !

C'est encore une grave erreur. Ce système détermine la ruine complète de la voix mixte, et du registre de fausset. Il n'est pas difficile d'en être convaincu. Suivez ce simple raisonnement : en cherchant à sombrer ainsi le *mi*, on fait prendre au pharynx et au voile du palais la même position, et on provoque la même tension que s'il fallait donner un *la aigu* de poitrine. Or, le *la aigu* ne se présente qu'accidentellement, tandis que le *mi*, se rencontre à chaque instant; il arrive que, en tendant trop fréquemment et avec excès les cordes vocales pour émettre ces notes, on doit finir par les fatiguer; de sorte qu'après peu de temps, on n'obtient plus que des sons rauques et étranglés dans toute la partie supérieure du registre de poitrine.

En commençant le travail d'émission, il ne faut pas craindre de donner les notes *mi*, *fa* et *fa dièze aigu* en timbre clair, et bien en dehors :

Petit à petit, par le relâchement progressif de la voix, ces notes trouveront leur appui naturel, sans occasionner la moindre fatigue à l'élève, et la voix sortira toujours claire, fraîche et limpide.

Mais pour émettre le *sol aigu* , il faut forcément recourir au timbre sombre, afin d'arrondir la note, qui sans cela devient criarde et désagréable à entendre; c'est seulement par le renversement du larynx qu'on obtient cette note. Toutefois, au lieu de laisser monter le son, qui se porte infailliblement dans le larynx et dans le voile du palais, par la contraction, ce qui dénature la voyelle de façon à faire entendre un *o* plutôt qu'un *a*, il faut avoir soin de chercher à ramener le voile du palais à sa position naturelle, et provoquer aussi le relâchement du larynx qu'il convient d'abaisser, jusqu'à ce qu'on arrive à établir une complète homogénéité entre cette note et les sons ouverts.

Dans le principe, le *sol aigu* ainsi donné, est nécessairement contracté. Néanmoins, il ne faut pas craindre de l'attaquer au moyen de la syllabe *la*, répétée souvent, pour aider à la déglutition du larynx, et au relâchement; puis, il faut revenir à son octave inférieure pour ne pas fatiguer l'instrument.

On croit souvent qu'une grande dépense d'air est nécessaire pour obtenir les notes aiguës; autre erreur.

L'élève, au lieu de pousser avec force une

certaine somme d'air sur le larynx, doit, au contraire, comprimer l'air dans les poumons, afin que le larynx s'abaisse sans effort au lieu de se contracter, ou de se rétrécir. Le *la bémol aigu* étant déjà plus facile à émettre, est par cela même plus clair et plus vibrant ; dès lors, il serait bon de s'exercer à prendre l'octave de *la bémol*, et à redescendre au *sol*, en liant les deux notes, sans cependant rien changer à l'appareil vocal :

Il est indispensable de répéter souvent cet exercice, afin d'acquérir la vibration non dans le larynx, mais au-dessous du larynx, et cela toujours par un grand relâchement, et par l'ouverture et l'élargissement du tube vocal.

Dès que la fatigue se fait sentir, il faut revenir à l'octave inférieure, afin de reposer les organes ; car un son bien placé et bien appuyé ne réclame qu'une mince dépense de respiration, tandis qu'un son mal appuyé, l'épuise et l'absorbe presque toute entière, et détermine, en outre, une excessive fatigue dans tout l'appareil vocal.

Donner ces notes aiguës en timbre clair est toujours d'un fâcheux effet sur l'auditoire; ce sont alors des cris perçants qui déchirent le tympan.

Donc, c'est dans le but de donner à ces notes de la rondeur, que dans ce cas, on se sert du timbre sombre; l'appui arrive ensuite à les éclaircir, et à rendre le passage du *fa dièze* au *sol aigu* homogène dans toutes ses parties, nonobstant le changement du timbre. Je ne saurais assez appeler l'attention des jeunes chanteurs sur l'étude de ces notes; étude à laquelle ils doivent se livrer avec la plus scrupuleuse attention, en employant toujours des notes inférieures comme point d'appui.

Dans le ton de *fa dièze*, les exercices présentent plus de difficulté que dans les autres tons, tant pour l'émission que pour l'appui. Mon expérience de chanteur m'engage à insister sur ce point auprès des élèves, car ces notes sont les limites du timbre clair, et il est à remarquer que les notes extrêmes de l'échelle vocale rencontrent toujours plus de peine à trouver l'appui.

Je me suis borné à parler de la voix de ténor ; mais il va de soi, que la voix de baryton, ainsi que la voix de basse, trouvent respectivement à une seconde inférieure et à une tierce, les mêmes obstacles à vaincre, les mêmes difficultés à surmonter. Il est dès lors démontré que ces conditions ne sont pas exclusivement applicables à tel genre de voix plutôt qu'à tel autre ; mais qu'étant au contraire communes à la basse, au baryton, au soprano et au contralto, aussi bien qu'elles sont applicables au ténor, ces conditions sont inhérentes à la voix elle-même. Les moyens à employer, doivent dès-lors aussi être indistinctement les mêmes pour tous les chanteurs.

Ce qui vient d'être exposé étant bien compris, l'élève fera les exercices prescrits, en veillant particulièrement à la Respiration, à l'Attaque, et à l'Émission.

Lorsque ce travail, sur les premiers exercices, sera arrivé, sinon à la perfection, du
moins à une certaine netteté, l'élève prendra,
comme corollaire, et par application générale à
tout ce qui a été dit jusqu'ici, l'exemple suivant,
qu'il transposera par gradation de demi-tons,
jusqu'au ton de *mi bémol* :

Dans ce dernier exercice, si les premières
notes ne sont pas bien souples et bien claires,
les notes aiguës seront ternes et strangulées.
Il faut donc, dans ce cas, et plus que jamais,
chercher à attirer les notes les unes sur les
autres, sans qu'il y ait la moindre contraction,
et ménager la respiration de façon à ce qu'elle
ne soit pas épuisée, lorsque l'exercice est fini.

J'indiquerai comme mesure de précaution,
et de prudence, de ne jamais attendre que la
fatigue soit arrivée pour se reposer.

L'élève doit interrompre son travail et le reprendre trois ou quatre fois par jour, et, autant que possible, ne pas consacrer plus d'une demi-heure à chaque période de ce travail.

Les premiers exercices du matin sont exclusivement consacrés à débarrasser la voix, et à l'assouplir; à ce moment donc, il ne faut pas énerver les sons en les recommençant trop souvent.

Ces exercices, qui devront sans cesse être repris par le chanteur, doivent être étudiés longtemps, afin de les perfectionner de plus en plus. Lorsqu'on les possédera bien, on y ajoutera les inflexions d'après la méthode suivante :

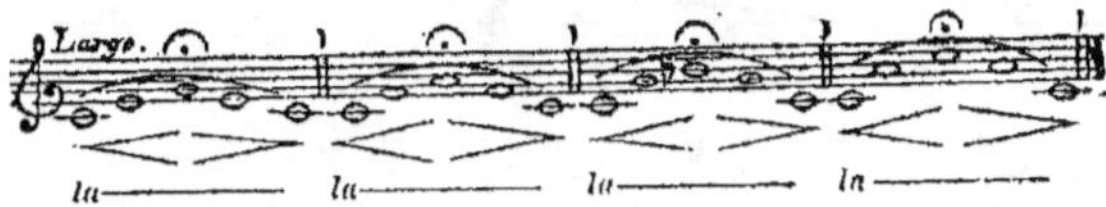

Puis on fera le même exercice sur les octaves :

Et ainsi de suite jusqu'au *la bémol*.

La première octave servira à préparer le son,
et la seconde servira à le développer.

Par ce travail, auquel on ne se livrera qu'après
que la voix aura acquis de l'égalité et de la solidité, qu'après avoir obtenu une certaine facilité
d'émission dans le registre aigu de poitrine,
qu'après avoir réglé la respiration, par ce travail, dis-je, on parviendra sans peine à soutenir
le son, et tour à tour à l'enfler et à le diminuer.

Arrivé à ce point, l'élève entreprendra l'exercice suivant en arpèges; d'abord à pleine voix,
puis à demi-voix demi-teinte :

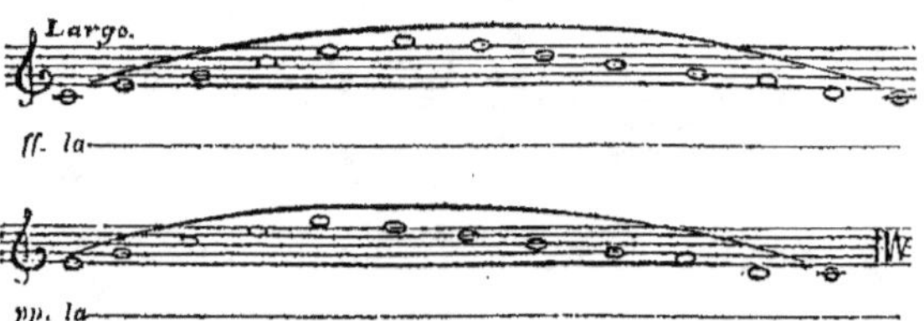

Dans ce dernier exercice, dont les nuances
doivent être attentivement observées, on doit
obtenir les sons *piano* sans contraction, et rien

que par l'action pure et simple de l'air sur le jeu élastique des poumons. On devra veiller à dépenser le moins de respiration possible, et à laisser le tube vocal bien ouvert, pour effectuer la transition du *forte* au *piano*.

Pour faire l'application des règles de l'appui sur les sons en pressant les mouvements, on fera l'exercice suivant, à l'aide d'une seule respiration :

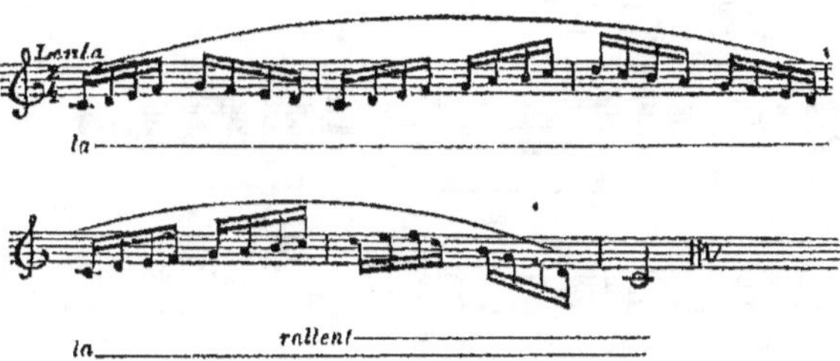

On transposera l'exercice dans les tons de *ré bémol*, *ré naturel*, *mi bémol*, et *mi naturel*, mais on n'ira pas au-delà.

On s'efforcera de ne pas glisser sur les intervalles, toujours en appliquant le travail d'abaissement et de l'appui des sons, pour combattre le rétrécissement naturel de l'organe vocal, d'après les exercices précédents.

On arrivera alors à l'exercice des groupes, en évitant surtout les saccades du larynx, et en ayant soin de bien appuyer la seconde note, sans choc et sans inspiration trop brusque :

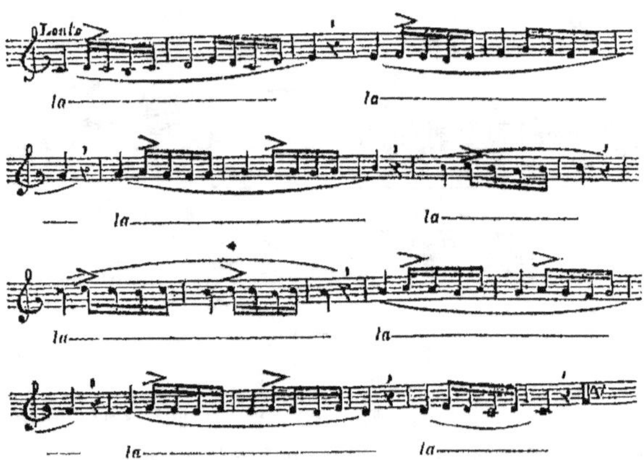

On transposera également cet exercice par demi-tons, jusqu'à la tonalité de *sol*.

Ainsi, avec ces simples éléments théoriques

et pratiques, on pourra surmonter les plus grandes difficultés de l'Art du Chant.

En effet, rien n'empêche de faire les intervalles, les arpèges, les gammes diatoniques, les groupes, et toutes les difficultés du mécanisme, lorsqu'on sait poser la voix, prendre chaque son isolément, et le mettre à sa véritable place.

Par une application rationnelle des principes énoncés et développés ci-dessus, la tenue, la solidité du son deviennent telles, qu'en vain on voudrait même s'imaginer que ces qualités puissent faire défaut. Voilà pourquoi je puis déclarer en toute vérité, et avec une entière abnégation, que dans ses résultats, ce travail est supérieur à tout autre, comme base d'études vocales, et comme acheminement vers les cours de perfectionnement, indispensables à tous ceux qui briguent l'honneur d'acquérir un talent réel et sérieux.

Aussi, je n'hésite pas à le dire hautement, et avec la franchise qu'on a pu remarquer dès le début de cette publication : Alors même que l'on s'égosillerait à faire des gammes et des vocalises pendant vingt ans, si préalablement la voix n'est ni appuyée, ni réglée, on ne peut arriver à aucun résultat, pas plus pour le développement de l'instrument, que pour le chant.

C'est donc à l'aide, et sur ce premier élément, que le chanteur doit se rendre fort, sous le rapport du mécanisme, avant de faire aucun autre travail, et surtout, avant de se laisser entraîner à chanter des airs, des morceaux d'opéra, ou même des romances.

Le raisonnement de Garcia vient encore corroborer mon opinion et appuyer les principes que je viens d'énoncer. Voici comment il s'exprime en parlant des vocalises employées comme élément du chant :

« Les vocalises sont des mélodies sans paroles, offrant à l'élève la réunion de toutes les difficultés du chant. Cette étude suppose que l'élève sait déjà poser la voix, la rendre pure, égale, intense, unir les registres,

en varier le timbre, commander à l'émission de l'air,
exécuter les gammes, les arpèges, les trilles, les mordants, en un mot, qu'il possède toutes les ressources du
chanteur, une seule exceptée, la prononciation. Toutes
ces difficultés se combinant dans les vocalises, troublent
et retiennent longtemps l'élève. »

Donc, il faut avant tout connaître et savoir
bien diriger le clavier vocal; pour cela, l'élève
ne doit pas seulement ébaucher ce travail, il
doit, au contraire, s'y attacher longtemps, avec
persévérance, avec assiduité, et de plus, avec
une grande patience, et non le faire machinale-
ment, comme l'indiquent la généralité des professeurs, qui comptent plus sur le temps et
l'habitude, que sur leurs conseils, pour faire
arriver les jeunes chanteurs à progresser.

Je puis dès-lors conclure en affirmant, qu'en
suivant mes conseils, l'élève ne fera pas des
études surabondantes, mais bien des études de
voix, dans toute l'étendue du clavier vocal, et
cela seulement avec quelques exercices d'une
simplicité élémentaire.

Quelques modifications d'un ordre secondaire suffiront, pour appliquer aux voix de femmes, les principes que je viens de développer pour les voix d'hommes.

Voici comment se classent les registres de la voix de femme. Je porte le nombre de ces registres à quatre, en comptant celui de fausset-tête :

Bien que dans cette échelle le registre de poitrine commence au *sol grave,* les contralti prendront pour point de départ, et pour appui, le *la grave,* tandis que les soprani prendront l'*ut.*

Si la voix d'homme demande des ménagements, dans la direction du travail, la voix de femme, par la délicatesse de sa nature, en demande davantage encore. Il y aurait danger à exagérer le développement du registre de poitrine, qui ne doit pas dépasser le *fa naturel*. Les femmes qui veulent franchir cette limite, compromettent, et perdent quelquefois entièrement, les notes graves du registre de fausset. C'est ce qui arrive presque toujours aux chanteuses, qui abusent de ce registre dans l'emploi des *Stoltz* et des *Falcons*.

Les changements de registre sont toujours difficiles, et réclament la plus sérieuse attention, surtout pour les femmes, qui ont un registre de plus que les hommes, le [notation musicale : *Fausset-tête*]. Ceci veut dire que dans le travail de l'émission des sons, on doit amener la voix à se servir du mélange des deux registres, conserver la position du pharynx dans le registre de fausset comme appui, et commencer par relever légèrement le voile du palais, pour élargir l'ouverture du larynx, afin de donner ainsi de l'ampleur aux notes qui servent de transition, quand il s'agit du passage d'un registre à l'autre.

Ces notes sont d'ordinaire serrées et antipathiques, ou bien encore, trop en tête, trop dirigées dans le voile du palais, ce qui devient nuisible pour l'appui des notes du registre de tête, lorsqu'on ne sait pas les guider et les appuyer. J'appelle l'attention des élèves-femmes sur ces notes, qu'il faut avoir soin de bien établir et de bien poser.

Pour tout ce qui concerne cette partie, je ne puis mieux faire que de recommander encore la méthode de Manuel Garcia, qui l'a traitée avec beaucoup de logique et de profondeur.

Toutefois, en préconisant ici le travail qu'il indique, je dois condamner le choc qu'il recommande, pour faire sentir le passage d'un registre à un autre, tout en reconnaissant lui-même que c'est un défaut.

Cette contradiction flagrante ne peut manquer de tenir en éveil l'attention de l'élève intelligent, c'est pourquoi je puis m'abstenir de tout commentaire à cet égard.

La voix de femme étant en général plus souple et plus légère que la voix d'homme, le travail de l'appui doit être modifié. Ce qui présente une difficulté sérieuse chez la majeure partie des voix de soprani, c'est d'arriver à donner de la rondeur et de l'éclat au registre de tête, qui se trouve presque toujours sans aucun appui, et toujours très-serré et très-contracté. Il convient donc de s'appliquer à conserver le plus longtemps possible la même position du larynx, tant pour les notes du registre de tête, que pour le registre de *fausset-tête*, afin d'arriver à obtenir la même ouverture du pharynx, et par suite de l'abaissement du son, parvenir à la même rondeur, et à la même pureté.

Ce qui a été expliqué relativement aux exercices pour voix d'hommes, s'applique également aux voix de femmes, en ce qui concerne la respiration et l'émission ; seulement, on pourra commencer, pour peu que la voix ne soit pas trop rebelle, par les exercices liés (1).

(1) Les transpositions se feront pour les soprani comme

Ici, je dois encore signaler une fâcheuse coutume qui semblera, peut-être, une facétie, mais qui n'en produit pas moins des conséquences désastreuses pour les dames artistes. C'est, il faut bien le dire, la funeste habitude que la plupart des femmes ont de trop serrer leurs corsets. Il en résulte que, ni les poumons, ni le diaphragme, ni le creux de l'estomac, n'ont l'élasticité ni la liberté suffisantes pour se développer convenablement, et assurer le jeu de la respiration. Au lieu de prendre sa source dans les profondes régions de la poitrine, la respiration ne peut s'alimenter que par la partie qui avoisine le larynx ; dès lors la respiration devient courte, pénible, haletante, et elle amène souvent une sorte de suffocation. Respirer facilement, sans contraction, sans effort, sans bruit, conserver le plus longtemps possible sa respiration, la dépenser insensiblement et rien que pour alimenter le son, voilà ce que le chanteur doit toujours observer.

elles ont été indiquées pour le ténor. Les mezzo-soprani et contralti commenceront les exercices une tierce au-dessous. — Pour ces exercices, *voir* page 119.

La respiration entre au moins pour la moitié dans l'émission du son, et dans la manière de phraser. L'important, je le répète, est de s'attacher à ne jamais arriver au bout de sa respiration. On doit, par conséquent, veiller à la renouveler en temps utile, afin d'éviter le fameux hoquet dramatique, inventé par ceux qui ne savent pas respirer. Que de fois j'ai entendu, à l'Académie Impériale de Musique et ailleurs, des chanteurs possédant une jolie voix, détruire tout l'effet d'un *Cantabile* rien que par une respiration défectueuse. Le public se rend parfaitement compte de cette défectuosité, et qualifie de *poussif*, le chanteur maladroit ou ignorant, qui lui cause une souffrance au lieu d'un plaisir.

Voilà ce qui se produit, ainsi que je l'ai fait ressortir déjà dans un précédent paragraphe, lorsque l'artiste n'a pour lui qu'un bel instrument, et que l'étude et la science ne lui viennent pas en aide. Dans ces déplorables conditions, il est d'ailleurs prouvé que le plus riche organe ne saurait résister longtemps. Outre la destruction rapide de la voix, par la recherche unique de la puissance ou du volume, on arrive à une prononciation tellement embarassée et vicieuse, par l'altération des voyelles ouvertes, que l'auditeur ne comprenant plus rien à ce qu'il entend chanter, est tenté de se demander dans quel idiome l'artiste interprète son rôle et son morceau.

Il faut s'appesantir le plus longtemps possible sur les préliminaires de l'Art du Chant, je ne saurais assez le répéter. Une fois au théâtre, il devient impossible de refaire un bon travail élémentaire, le temps manque; car il faut se consacrer à l'étude des rôles, aux répétitions, et aux mille détails que comportent le service de la scène. Dès lors, l'artiste consciencieux, tardivement éclairé sur sa situation, n'a plus qu'à se repentir d'avoir perdu sa carrière, faute d'avoir été bien dirigé, avant de paraître devant la rampe.

Je l'atteste ici, sans crainte d'être démenti, les élèves qui voudront travailler sérieusement, et commencer par le commencement, ceux qui ne se rebuteront pas, ceux qui auront la force de persévérer courageusement dans la mise en pratique constante des principes théoriques de l'Art du Chant, ceux qui, par ce facile moyen, auront acquis un brillant mécanisme, sans s'être exposés à altérer leur voix, ceux là arriveront et résisteront longtemps, car, pour ceux-là seuls, il y a de belles places à prendre.

Les chanteurs sont trop rares pour que le vrai talent ne se fasse jour. Sans doute, il y a encore des voix splendides, il y a beaucoup de chanteurs-*artisans*, mais il y a fort peu d'artistes-chanteurs.

Je terminerai ce paragraphe en rapportant un fait historique bien connu déjà, mais qu'il est bon de mettre toujours en mémoire. Du reste, il vient confirmer tout ce qui précède.

On le trouve dans l'*Encyclopédie de Ginguenée* (article musique).

« Un maître italien (l'auteur veut parler de Porpora),

prend en amitié un jeune Castrato son élève. Il lui demande s'il se sent le courage de suivre constamment la route qu'il va lui tracer, quelque ennuyeuse qu'elle puisse lui paraître.

« D'après sa réponse affirmative, il note sur une page de papier réglé ces simples éléments (les intervalles, les gammes diatoniques et chromatiques, etc., etc.), suivis de quelques autres presque aussi simples ; seulement sur les dernières lignes, il place des trilles, des notes groupées et des passages de différentes espèces, contenant les principales difficultés du chant.

« Cette feuille occupe seule pendant un an l'écolier et le maître. L'année suivante y est encore consacrée. A la troisième on ne parle pas de la changer. Le jeune homme commence à murmurer ; mais le maître lui rappelle sa promesse. La quatrième année s'écoule, la cinquième la suit, et toujours l'éternelle feuille. A la sixième on ne la quitte point encore, mais on y joignit des leçons d'articulation, de prononciation, et enfin de déclamation.

« A la fin de cette année, l'élève qui croyait encore en être seulement aux éléments, fut bien surpris quand son maître lui dit : « Va, mon fils, tu n'as plus rien à apprendre, tu es le premier chanteur de l'Italie et du monde. » Et il disait vrai, car ce chanteur était Cafarelli. »

En établissant un parallèle entre la manière
de procéder de Porpora, et le temps qu'il lui
fallait pour former un élève, et la façon de faire
dans les classes de presque tous les Conservatoires de Musique, sans en excepter même celui
de Paris, où tout est soumis à la lettre d'un
Règlement d'Ordre Intérieur, que l'on considère
comme immuable, on s'expliquera aisément la
différence des résultats, et les motifs qui en
sont l'origine.

Porpora poursuivait constamment la même
idée, et s'adressait à ses élèves qui déjà étaient
musiciens.

Le Conservatoire suit un tout autre plan ; les
élèves y sont indistinctement menés de front,
et il agit le plus souvent sur des sujets qui ne
savent pas ce que c'est que la musique.

Après cela, est-il nécessaire d'indiquer quelle
est la marche la plus rationnelle ? Et cependant
le Conservatoire devrait être une pépinière
d'artistes.

Pour ce qui est du Conservatoire de Paris, il faut espérer qu'à cette époque où tant de réformes utiles ont été introduites dans les différentes branches d'administration, et notamment dans l'instruction publique, il faut espérer, dis-je, que l'on déterminera la Direction d'un établissement aussi important, à s'écarter bientôt des voies routinières qu'elle s'obstine à ne pas abandonner, et qu'on lui fera comprendre qu'elle suit une marche diamétralement opposée à celle qu'elle devrait adopter : l'absence de sujets marquants le démontre à la dernière évidence. On mettrait ainsi un point d'arrêt à cette regrettable décadence de l'Art du Chant, que tout le monde constate, et que tout le monde aussi condamne et déplore : « Qui a des oreilles pour ouïr, dit Jésus, qu'il entende ! »

IV

CAUSES DE LA DÉCADENCE DE L'ART DU CHANT.

L'objet principal de ce livre ne comportait guère de longs détails sur les éléments de l'Art de chanter. Je me suis donc borné à esquisser ces éléments, d'autant plus que Manuel Garcia l'a fait avant moi, avec une remarquable profondeur, et sans rien en omettre. J'ai voulu traiter la Base du Chant et pas autre chose; c'est le principe fondamental de l'Art, puisqu'il repose sur le clavier vocal, et détermine le moyen d'obtenir des résultats à l'aide d'un procédé mécanique, raisonné, clair, et en même temps facile.

Sous ce rapport, je n'ai donc rien innové; loin de moi du reste cette prétention, car ainsi que l'a écrit de Lamartine : « Le génie ne se laisse aborder que par un sublime délire. » Mais j'ai voulu populariser ce que m'a enseigné Lamperti, dont la méthode, quoique moins recherchée, et parfois plus injustement dépréciée, que bien d'autres, me semble plus compréhensible pour la masse, et constitue, en faveur de l'élève, une étude préparatoire, susceptible de faciliter beaucoup l'analyse et l'application de la savante théorie de Manuel Garcia.

Aussi bien que l'homme de lettres ne se désempare jamais de son dictionnaire, le chanteur devrait constamment avoir cette Méthode sous les yeux, pour la consulter toutes les fois qu'il a un rôle à créer, ou à étudier.

La seconde partie de cette Méthode renferme

la science du chant, passée en quelque sorte à
l'alambic. Pour s'en convaincre, il suffit d'en lire
les titres, qui sont : *l'Articulation, — les Voyelles, — les Consonnes, — les Accents, — la Largeur, ou tenue de la voix sur les paroles. — L'Art de phraser, — la Formation de la phrase, — les Inflexions, — les Sons filés, — les Commencements, les Terminaisons, les Reprises des phrases, — les Changements, — les Appogiatures. — Les Mordants, — les Points d'orgue, — l'Expression, — les Passions et les Sentiments, — l'Intensité et l'Unité de la voix, — les Styles divers, — les Récitatifs, — le Chant large. — Le Style fleuri, — le Style bouffe, etc., etc.*

Ces différentes matières forment autant de
chapitres développés avec un égal soin, un
égal talent, et sont suivis d'exemples multipliés.

Devant des œuvres semblables, il faut se
prosterner, et chercher à les répandre de plus
en plus, pour détrôner le charlatanisme et
l'ignorance, qui couvrent d'un bandeau les yeux

de nombre d'élèves, fascinés au point de ne rien tenter pour le faire tomber. C'est un devoir d'autant plus sacré d'en agir ainsi, que c'est bien de Manuel Garcia qu'on peut dire : « Heureux de toutes les qualités qu'ils rencontrent, les hommes d'un grand mérite, isolés par leur élévation même, voudraient élever tout le monde, loin d'abaisser personne. »

Pour comprendre la formation d'une *phrase musicale*, *les inflexions*, *les suspensions*, *les changements*, etc., etc., en un mot, tout ce qui se rattache au style, il convient, à la vérité, d'avoir fait préalablement de bonnes et solides études musicales.

On ne peut donc être chanteur, et moins encore professeur, si l'on ne sait pas faire usage, avec intelligence et opportunité, des ressources indiquées par cet éminent artiste. Or, puisqu'aujourd'hui un enseignement sérieux n'est plus le point de départ de l'éducation du chanteur, on peut avancer, en toute assurance, qu'il y a décadence de l'art de chanter.

Cet abandon d'études s'est surtout invétéré depuis le grand succès de Duprez à l'Opéra, de Paris.

En voyant l'engouement du public, poussé jusqu'à la frénésie, pour le genre de déclamation lyrique intronisé par ce célèbre chanteur, avec tout le mérite de son admirable individualité, les ignares se demandèrent s'il était bien nécessaire de recourir à l'ancienne méthode pour exercer le professorat, d'autant plus que Duprez ne faisait aucune fioriture, aucune gamme, ni rien de ce que comporte le genre fleuri. Ils résolurent alors négativement la question, et pénétrèrent, dès lors, leurs élèves de cette erreur : que pour arriver à un résultat identique à celui de Duprez, il suffisait d'obtenir du volume de' voix, sans s'inquiéter en aucune façon de la science ou de l'étude.

Imbus de principes aussi pernicieux, professeurs et élèves confondirent un talent hors ligne, mais tout exceptionnel, avec un chef d'école, et s'attachèrent exclusivement à vouloir l'imiter. Ils laissèrent de côté les études élémentaires pour se livrer à l'exagération, aux efforts du larynx, et à la destruction complète de l'instrument vocal, pour arriver à quoi? A produire de misérables copies d'une grandiose spécialité, d'un artiste qu'on ne pouvait assez admirer, mais, qu'on ne devait jamais prendre pour modèle. En un mot, on peut, on doit même, dans l'intérêt de l'art, chercher à imiter Raphaël, le Titien, Rubens, Michel-Ange ou Rossini, comme autant de chefs ou d'illustrations de grandioses écoles; mais on ne doit jamais chercher à imiter Duprez, dont le talent, quelque grand qu'il puisse être, n'est et ne peut être qu'une simple individualité.

Avant Duprez, on ne pensait pas à changer l'émission naturelle de la voix; on ne cherchait que le développement gradué par l'étude et le travail; on parvenait cependant tout aussi bien à se faire entendre dans une salle, quelle que fût la superficie de son vaisseau, et à charmer son auditoire : Nourrit, Stoltz, Dorus, n'en sont-ils pas d'immortels exemples?... A une certaine époque, lorsque la voix était claire et bien timbrée, lorsque l'articulation et la pronociation étaient bien nettes, on trouvait que c'était suffisant, et l'on admirait à la fois la science, et le charme du chanteur, comme cela arrive encore aujourd'hui, au théâtre italien, avec Fraschini et Delle Sedie. Le premier a plus de cinquante ans et l'autre a peu de voix. C'est donc la science et le charme que l'on applaudit en les admirant.

Depuis cette prétendue nouvelle école de Duprez, on n'a donc obtenu que des chanteurs d'une désespérante monotonie, complétement incolores, et incapables de jamais devenir artistes. En mettant en présence l'ancienne école et la nouvelle, on peut aisément s'apercevoir qu'il y a tout à gagner en suivant les anciens errements, et tout à perdre en adoptant les nouvelles théories; puisqu'autrefois on conservait longtemps son instrument, tandis que présentement, au bout de peu d'années, la voix disparaît complétement, alors même que l'élève est encore entre les mains du professeur.

S'il fallait déterminer le nombre de voix qui ont été ainsi brisées au Conservatoire de musique de Paris, et énumérer les ténors dévorés ou engloutis par l'Opéra et la province, depuis l'introduction de cette nouvelle manière, de cette fièvre d'imitation et de contrefaçon vocales, on en serait effrayé.

Duprez a établi chez lui un cours de chant, dans la pensée de se reproduire. Quels résultats a-t-il obtenu? quels élèves a-t-il produit?... De pâles imitations, des chanteurs sans consistance ou des étoiles, en tête desquelles je placerai sa fille, Mme Vandenheuvel-Duprez, qui malgré une rare intelligence, un mérite réel, n'ont pu briller qu'un instant; on avait forcé la nature : ... « l'œuvre a péri avec l'ouvrier, le temps a fui !.... » On ne pourrait mieux comparer les élèves de l'école de Duprez, et notamment les ténors, qu'à ce que peut être une reproduction photographique d'une grande et belle peinture, relativement au coloris, au sentiment, à la vie, imprimés sur la toile par le pinceau du maître.

L'Opéra voyant cette multiplicité de médio-
crités, que l'on considérait à tort comme autant
de phénomènes, s'éteindre et disparaître, en
même temps qu'il voyait le Conservatoire, son
voisin, ne rien produire ou à peu près, voulut
aussi se charger d'élever des ténors à la bro-
chette, mais toujours avec la rapidité d'un
express-train, pour les livrer bien vite à la spéculation comme le serait dans le commerce, un
article demandé et impatiemment attendu.

En procédant ainsi, l'Opéra oubliait qu'il
porte le titre d'Académie de musique, qu'il a été
dénommé ainsi dans les lettres patentes de son
institution, et qu'il doit avant tout justifier un
titre pareil; le mot académie se dit, je crois,
par extension, d'une compagnie de personnes
qui se réunissent dans l'intérêt, et pour le développement des lettres, des sciences et des arts.
L'Opéra semble donc avoir été créé pour régler
tous les usages en matière d'enseignement
lyrique, et pour fournir les modèles à suivre...
Sous ce rapport, à part quelques chanteurs
d'un talent incontestable, l'ensemble des ar-

tistes de cette Académie laisse beaucoup à désirer.

Puisqu'à l'Opéra l'on s'astreint à faire tant de sacrifices, pour y créer le modèle type du chanteur, je le demande, est-ce bien là que l'on rencontre aujourd'hui cette réunion de talents, qu'au point de vue du chant surtout on est en droit d'exiger? Je ne le pense pas.

De même que l'Académie des sciences et belles-lettres est composée de savants, de même aussi, l'Académie de Musique devrait prendre pour exemple son homonyme et présenter une réunion de sommités artistique. Il n'en est rien, et cela parce qu'on ne cherche plus que des voix, à l'exclusion de toute condition artistique ou scientifique.

Les élèves du Conservatoire qui sont autorisés à assister aux représentations de l'Opéra, comme instruction, peuvent-ils raisonnablement accepter comme modèles et comme types les artistes qui s'y font entendre? Ça et là, se présente un chanteur, chez lequel on trouve un moyen d'étude, mais le cas est très-rare, et alors ce n'est pas précisément ce chanteur qu'ils écouteront. Pourquoi? Parce qu'il chante et que ce n'est plus ce qui peut leur servir. De la voix, beaucoup de voix, des cris, voilà ce qu'il leur faut.

Sans contredit il y a de belles voix à l'Opéra!... c'est vrai. Il y a en outre des pianistes qui sont maîtres ou chefs de chant!... c'est encore vrai. C'est sans doute pour cela qu'on laisse aller à la dérive ce que l'Art du Chant renferme de beau, de vrai, et de sérieux. On néglige les belles traditions, pour faire de la fantaisie, de la grosse voix et perpétuer le mauvais goût. C'est tellement exact, que dernièrement quand Faure a repris à l'Opéra le rôle de Nevers dans les *Huguenots*, le public fut émerveillé de la façon dont il interprétait le rôle. « C'est une révélation! » s'écriait-on de toutes parts. Soit, mais j'ajouterai, sans vouloir rien enlever au mérite de Faure, qu'à l'Opéra l'interprétation de tous les rôles devrait donner lieu à une semblable exclamation, et alors seulement, l'Opéra serait digne du titre d'Académie de musique.

Cette Académie devrait évidemment servir de modèle à tous les élèves du Conservatoire; tandis que cette école, au lieu de produire des sujets méritants, s'est laissée envahir par l'intrigue et le charlatanisme, pour satisfaire la cupidité de la spéculation au détriment de l'art.

Lorsque, pour la première fois, il me fut permis d'assister à une représentation de l'Opéra, j'y entendis *Guillaume Tell*, par Duprez, Barroilhet et Levasseur. Ainsi que tout le public, je fus transporté, car il y avait là trois véritables artistes. Peu après, j'allais entendre les *Huguenots*, par Levasseur, Roger et Pauline Viardot, qui tour à tour électrisèrent la salle, le premier par le beau caractère qu'il donnait au personnage de Marcel, les deux autres par cet élan et cette conviction qui font les grands artistes; ils évitaient l'un comme l'autre toute exagération, et réunissaient dans leurs rôles, la noblesse, le cœur, la distinction, au degré le plus élevé. Je vis ensuite le *Prophète*, qui fut encore un grand succès pour Pauline Viardot et Roger, mais qui fut la perte du délicieux transfuge de la salle Favart, car ce rôle écrasant devait lui faire perdre ses plus précieuses qualités. A cette occasion, Roger aussi voulut changer son organe et sa méthode, pour arriver à plus d'ampleur. Il perdit, sans compensation, la grâce, et le moelleux de son chant.

Maintenant encore, on peut prendre ces artistes d'élite pour modèles; ils ont travaillé longtemps, ils savent comprendre et dire, ils se sont donné la peine d'étudier et d'approfondir leurs personnages; alors que tant d'autres arrivent en scène et débitent leurs rôles, comme des perroquets auxquels on a fait la leçon, et se contentent d'imiter le son de voix d'un autre; Levasseur, Roger et Pauline Viardot étaient vraiment dignes d'être membres de l'Académie de musique; par leur chant autant que par leur jeu, ils justifiaient bien ces paroles de M. Saint-René Taillandier : « Tout poëte, tout artiste,

digne de ce nom, est le témoin, bien plus encore,
la conscience de l'humanité. »

Depuis la retraite de ces grands artistes,
qu'est devenu l'Opéra? Je ne veux certes con-
tester le mérite particulier d'aucun des chanteurs actuellement attachés à ce théâtre ; loin
de moi cette pensée. Mais tout le démontre,
nonobstant les qualités qui les distinguent, leur
concours semble insuffisant pour que l'Opéra
remplisse les conditions exigibles de l'Académie
Impériale de Musique, en raison du but que l'on
s'est proposé d'atteindre lors de son établissement.

Un puissant prestige s'attache à l'Opéra,
pourquoi alors chercher à le détruire, en ne
s'occupant pas spécialement de l'Art du Chant?
On construit un colossal monument! On peint
de magnifiques décors! On confectionne des
machines compliquées, de riches costumes!
Mais l'Art du Chant est devenu un simple accessoire, et de plus en plus on le considère comme
tel. De sorte que, dans quelques années, si l'on

maintient l'Opéra sur la pente actuelle, l'Académie de Musique de Paris, ne sera plus qu'une académie olympique, une sorte de CIRQUE, où l'on donnera des ballets avec un grand développement de figuration féminine, où brilleront des armures, des lances, des casques, et où un orchestre formidable exécutera bruyamment la musique de l'avenir, mais on n'y entendra plus de chant, ni de chanteurs.

Il en est temps encore, et avant qu'il soit trop tard, que l'administration supérieure jette un regard sur le Conservatoire, et se fasse rendre compte des motifs pour lesquels cette institution ne fournit pas des artistes plus capables, surtout parmi les ténors. Cette administration apprendrait bientôt que lorsqu'il s'est agi d'introduire des réformes au Conservatoire, on nomma une commission chargée d'examiner et de faire un travail sur la situation. Mais alors, qui fût désigné pour présider cette commission?... Ce fut le directeur du Conservatoire lui-même, qui devait évidemment conclure que tout allait pour le mieux, dans le meilleur des Conservatoires.

Elle apprendrait aussi que, petit à petit, selon les besoins du moment, on fabrique à la hâte des chanteurs par des moyens factices, au lieu de les instruire de longue main et d'en faire des artistes sérieux. Elle apprendrait, enfin, que l'impulsion ayant été donnée par l'Académie de musique, le Conservatoire suivit la marche indiquée et qu'une effroyable décadence artistique en fut la conséquence naturelle.

Il ne sera pas sans intérêt de connaître comment on procède depuis longtemps à l'Académie de musique pour la fabrication des chanteurs. Poultier fut, si je ne me trompe, l'une des premières exhibitions de ce genre.

D'abord, on court les grandes routes ; après bien des recherches, on découvre une voix qui atteint le *si* naturel et l'*ut* de poitrine. On manipule l'étendue de cette voix, et l'on confie celui qui la possède aux mains d'un pianiste, remplissant les fonctions de chef de chant. On aurait tort de douter du bon vouloir de ce pianiste professeur, on doit seulement accuser son ignorance en matière de science vocale. Pour dégager sa responsabilité, notre professeur rend consciencieusement compte de l'accomplissement de sa mission au Directeur, et dit à ce dernier :

— « M. le Directeur, je dois vous l'avouer : ce chanteur,... c'est à peine s'il sait lire.

— « Qu'importe? répond le Directeur, pourvu qu'il chante ; lorsqu'on lui aura SERINÉ un ou deux rôles, cela suffira pour le faire débuter.

— « Mais il n'est pas comédien.

— « A quoi bon?... Dans l'Opéra, ce n'est pas nécessaire.

— « Mais il ne chante pas toujours juste, et il n'est pas musicien.

— « Qu'est-ce que cela fait? l'Académie n'y regarde pas de si près.

— « Mais il manque de style, il ne sait pas encore chanter.

— « Cela viendra plus tard. »

On prie alors les organes de la presse de vouloir battre la grosse caisse, à coups redoublés, pour annoncer l'apparition d'un nouveau ténor plus extraordinaire que tous les autres ; un ténor comme il y en a peu, comme il n'y en a guère, comme il n'y en a pas, et la foule d'accourir à ses débuts.

Un homme obscur et ignorant, est ainsi proclamé le plus grand chanteur que jamais on ait entendu ; et chose navrante pour les artistes qui ont parcouru une longue et brillante carrière sur ce même théâtre, c'est que les ignorants qu'on met en leurs lieux et places, ont toujours, d'après la réclame bien entendu, plus de talent que leurs devanciers. Semblables à la grenouille de la fable, ces chanteurs improvisés se prélassent et se gonflent au sein de la flatterie, dont les accablent des gens intéressés ; puis au bout de quelque temps, le baromètre de la faveur baisse et ils disparaissent presque toujours, après avoir à peu près

bien chanté une seule fois; le jour de leur début!
Et cela, parce que ce jour là, ils ont dépensé
beaucoup plus qu'il ne fallait de force et de
vigueur, sans s'inquiéter du lendemain. La
science ne leur a pas donné le moyen de se
reposer sur certaines notes, sur certaines
phrases, pour ramener la voix à sa place, pour
provoquer le relâchement du larynx; et ils finissent, leur première soirée de début, uniquement
par une surexcitation nerveuse, et nullement avec leur voix. Mais dès le lendemain, ils
ont déjà perdu, sans trop s'en apercevoir, la
facilité qu'ils avaient la veille; petit à petit un
voile vient couvrir la voix dans son médium;
puis les notes en demi-teintes s'éteignent, et
alors ils ne peuvent plus que crier. De là : fatigue de la voix, irritation de la gorge, et suspen-
sion forcée de tout service. La laryngite et la
bronchite viennent compliquer la débâcle, et le
prétendu chanteur est obligé d'aller, soit dans le
midi de la France, soit ailleurs, pour rétablir une
voix, qui à force de soins, se traînera encore
quelque peu, mais ne tardera pas à se perdre et
à se dissiper dans les brouillards de l'ignorance.

Telle est l'histoire générale de la plupart des ténors passés, présents et futurs de l'Académie Impériale de Musique, et il en sera ainsi, aussi longtemps que durera le mode actuel d'enseignement, également en usage au Conservatoire.

Cette opinion semblera, sans doute, d'autant mieux fondée, quand on saura qu'elle se trouve pleinement confirmée, par celle d'un chanteur aussi justement renommé que Ponchard père, qui, dans une lettre particulière et inédite, qu'il m'a écrite, durant mon séjour en Italie, s'est exprimé en ces termes :

« Pour un artiste de cœur, et un esprit studieux, la carrière française est devenue impossible, à moins de grands moyens, ou d'un de ces dons de nature *qui vous dispensent d'études et de talent*.....

« Cependant, pour le chanteur, il est de ces règles-principes, qui conviennent à toutes les langues, et qu'on devrait s'attacher à conserver dans toutes les méthodes, dans tous les temps ;

ces règles forment la base du travail que nous avons fait ensemble, comme je l'ai fait du reste avec la plupart de mes élèves; car elles sont les véritables et uniques moyens d'éviter les exagérations de l'école moderne du chant....., »

Bien d'autres causes encore ajoutent à ce qu'il y a de désastreux dans le mode d'enseignement en usage tant à l'Opéra qu'au Conservatoire.

Trop souvent, et c'est une petite faiblesse de notre pauvre humanité, je crois du reste l'avoir déjà signalé ailleurs, l'élève, parce qu'il a une voix, est déjà orgueilleux avant même de commencer ses études. Pour son malheur, il se trouve sur son chemin des gens toujours prêts à l'aduler, dans la pensée de s'en servir, quand même, d'une façon ou d'une autre, pour la mise en scène de leurs réunions ou soirées intimes.

Néanmoins, après avoir obtenu un premier prix..... de voix, l'élève est engagé à l'Opéra, et pour peu qu'il paraisse posséder quelques dispositions naturelles, on s'évertue à lui trouver des qualités artistiques incomparables. Le jeune novice accepte, comme argent comptant, les sottes flagorneries dont il est l'objet; il s'attribue beaucoup de talent puisque la Capitale feint de lui en accorder, et il ne songe plus à travailler ou à se perfectionner; pour lui ce sont là des détails superflus, et lorsque vient le moment de l'expiration de son engagement avec l'Opéra, il rêve de gros appointements, qu'on se garde de lui accorder.

Il quitte alors l'Académie Impériale de Musique; mais il reçoit bientôt des propositions pour l'un ou l'autre des premiers théâtres de province, et il se console promptement de cette première déception, car il a reçu le baptême et la consécration d'artiste à Paris, et pour le vulgaire, il est dès-lors prouvé qu'il doit avoir du talent.

Il arrive ainsi, environné d'une auréole, devant un public plus ou moins connaisseur; le titre d'artiste de l'Opéra éloigne de lui toute espèce d'hostilité, ou de parti-pris, chez la partie remuante et souvent inintelligente du public. Fort de ces petits moyens, persuadé de posséder un talent qu'il n'a pas, il s'avance bravement, et affronte, sans trop de danger, le feu d'une rampe provinciale. On le fête, on le dorlotte, on l'idolâtre ; car, heureusement pour lui, on ne le discute pas.

L'élève bouffi d'illusions, et quelque peu enivré de son bonheur, s'en tient là ; il ne travaille plus, il ne cherche même pas à se maintenir en acquérant, par un travail quotidien, les connaissances qui lui manquent : il a de la voix, et dès-lors, il se croit arrivé à l'apogée du talent, et s'écrie, avec autant de suffisance et de fatuité, que de conviction : « Parbleu ! je suis comme tous les grands artistes, j'ai les défauts de mes qualités !... » Le pauvre hère, ébloui malgré sa nullité, ne s'aperçoit pas qu'il marche à reculons, et il se traîne ainsi dans deux ou trois villes ; puis, soudain, on n'entend plus parler de ce remarquable sujet, qui paraissait devoir être un jour une gloire, et devenir l'aigle des ténors...

Ce n'est donc nullement à l'aide de la flatterie, ou en caressant un amour-propre exagéré, qu'on peut former un chanteur ; mais bien par l'éducation première, par une instruction sérieuse et une bonne direction d'études. L'Académie Impériale de Musique et le Conservatoire devraient par conséquent non - seulement chercher, tout d'abord, à cultiver les voix, mais respecter religieusement les bases de l'Art.

La presse est trop bienveillante pour laisser l'artiste s'endormir dans le *dolce farniente,* et lui épargner ses encourageants avertissements, quand il s'écarte de la bonne route ; mais pour que la presse puisse efficacement agir, on ne doit pas l'influencer, on doit lui laisser son libre arbitre, et ne pas la soumettre aux caprices ou à la coterie, par des considérations étrangères à l'Art.

Ainsi l'Académie Impériale de Musique pourrait devenir véritablement une Académie, composée d'artistes d'élite, et comme la Comédie Française, elle pourrait rester fidèle aux vraies

traditions au lieu d'en être l'antipode ; car l'O-
péra devrait être pour la musique, ce que la
Comédie Française est pour la littérature classique. Et cependant, la Comédie Française ne
se pare pas du titre d'Académie, bien qu'elle le
mérite, autant que l'Opéra le mérite peu. Certes,
les artistes peuvent se former et se perfectionner partout, lorsqu'ils sont véritablement
artistes ; mais l'Académie Impériale de Musique,
considérée comme une pépinière de talents,
devrait renfermer des modèles à suivre et à
étudier, fournir aux scènes de province des
sujets capables, et déterminer une transforma-
tion, une purification du mauvais goût. Elle veut
avoir la prétention de le faire, elle en a tous les
moyens, pourquoi alors ne le fait-elle-pas ?

C'est bien à propos de l'Opéra qu'on peut
citer quelques mots d'une prophétie de l'illustre
exilé de Sainte-Hélène, prophétie rappelée par
l'empereur Napoléon III dans sa préface de
l'*Histoire de Jules César* : « Combien de luttes,
d'années, ne faudra-t-il pas encore, pour que le
bien que je voulais faire, puisse se réaliser ! »

Loin de là, l'Académie s'attache aujourd'hui à justifier son titre, en accordant toute sa sollicitude à la chorégraphie, à la peinture décorative, et à la mise en scène ; mais pour le chant : *Niente!* « Le vent est à la danse ! » direz-vous ; je le veux bien ; mais je dois ajouter que l'on peut sans obstacle sacrifier beaucoup au culte de Terpsychore, sans pousser l'idolâtrie jusqu'à méconnaître d'une manière aussi absolue celui d'Euterpe, alors surtout que l'on conserve avec honneur une entière vénération pour celui de Melpomène. A moins qu'on ne veuille renoncer au titre d'Académie de Musique, et donner suite, à un autre projet, non moins excentrique, en vue duquel Richard Wagner et ses acolytes semblent avoir imaginé *la musique de l'avenir*, et qui consiste à remplacer les voix et les chanteurs, par des instruments nouveaux, véritables machines à haute pression, à l'instar de celles dont, à tort ou à raison, on a annoncé, à grands renforts de réclames, la funeste apparition dans l'*Africaine*.

On en viendra là ; car, en fait de désastreuses

innovations, il ne faut désespérer de rien. D'ailleurs la mode, cette burlesque Colombine de toutes les époques, a voulu aussi se mêler de musique. Elle a poussé au développement des notes suraiguës au détriment de la science, et bien des compositeurs, se traînant à sa remorque, sont allés à la découverte de voix plus fortes et plus tonnantes, bonnes ou mauvaises, pourvu que ce fussent des voix.

Du moment où des musiciens-compositeurs étaient de la partie, il n'y eût plus lieu de s'étonner qu'on ait laissé de côté la science, puisqu'elle était dédaignée par ceux-là même qui auraient dû chercher, à tout prix, à la sauvegarder.

Le chanteur, je viens de le dire, est souvent trop orgueilleux du don que la nature lui a donné ; c'est l'une de ses grandes faiblesses. S'il rachetait cet orgueil par le travail et la recherche de ce qui lui manque, on pourrait l'excuser ; car l'orgueil, comme toutes les autres passions et faiblesses humaines, est inné chez l'homme ; mais son pédantisme lui fait oublier, que sa qualité d'artiste, ne l'autorise pas à ignorer ce qu'il a le plus besoin de savoir.

Garat, dit-on, avait autant de fatuité que de talent ; mais à côté de cela, il avait un grand mérite. Quand on a formé des élèves, tels que : Adolphe Nourrit, Dérivis, Ponchard, Levasseur, Mme Branchu, et autres, on a le droit d'en être fier, et un peu de vanité ne doit pas provoquer une telle levée de boucliers. Il interprétait avec une égale supériorité les scènes pathétiques de l'école allemande, et les airs sérieux ou bouffes de l'école italienne. Sa voix réunissait tous les registres, et déployait une même flexibilité dans toute l'étendue de son organe. Donc, s'il avait de l'orgueil, on pouvait le lui pardonner, puisque ce n'était pas l'orgueil de son ignorance, mais bien l'ambition de sa science et de son talent.

Aujourd'hui, le chanteur recherche surtout les plaisirs matériels, dont l'abus le conduit bien plus vite encore à la perte de sa voix, et à l'anéantissement de sa position. Mais, par cela même qu'il veut à toute force ressortir, fut-ce au prix du ridicule, il croit dissimuler le défaut de la cuirasse, alors qu'il le met ostensiblement à découvert, par ses actions et ses paroles.

La plupart des chanteurs de talent étaient des hommes instruits ou désireux de s'instruire. Ponchard, Levasseur, Nourrit, en sont autant de preuves. Ils ont commencé bien petits, et sont devenus de bien grands artistes. Mais, ils se sont donné la peine de travailler beaucoup; ils ne se sont pas endormis sur leurs premiers succès, et ont compris, qu'une réputation était souvent plus difficile à conserver qu'à conquérir.

Il n'y a pas d'exemple que l'ignorance ait jamais obtenu un succès durable, et s'il arrive qu'on puisse citer une exception à cette règle, il faut l'attribuer à la pénurie, je dirai même, à l'absence presque complète de talents sérieux.

En général, l'artiste chanteur appartient à la classe peu fortunée de la société.

Là où règnent la moralité et la probité, là où ces principes ont été inculqués dès l'enfance, la pauvreté engendre d'ordinaire le travail. Par malheur le plus souvent, l'abondance des richesses n'engendre que le vice; mais c'est là peut-être une compensation accordée par le Maître de l'Univers, dans son équitable répartition des biens de la terre.

Donc, le riche, en raison de son existence plus ou moins orageuse, ne peut guère développer chez lui les organes vocaux, tandis que le contraire se produit chez ceux dont la position de fortune est plus modeste. Ici encore, le préjugé social entre en ligne de compte; car, si par aventure un jeune homme appartenant à une famille élevée, entre au théâtre, en suivant sa vocation, il attire immanquablement sur sa tête, les foudres de ses grands et petits parents. Il est obligé de changer de nom, et parfois même, il est renié par des gens qui ne veulent pas admettre que selon sa conduite, c'est l'homme qui honore sa profession, et non la profession qui honore l'homme, et que rien n'est plus flatteur que de vivre du produit de son talent. Ils oublient surtout, qu'on se couvre d'une triste considération, en dépouillant son prochain à l'aide d'opérations industrielles ou financières, dont l'immoralité est souvent en parfait rapport avec leur importance. Mais hélas! comment espérer détruire ce préjugé chez des gens plus ridicules que le préjugé lui-même?...

Après quelque temps d'études, le chanteur se trouve transporté dans une société différente de celle où il a pris naissance. Ce frottement l'étourdit, le grise, et quelques succès aidant, le voilà grand artiste, puisqu'on admet comme talents sérieux, des artistes qui n'ont que de belles voix. La province a dû forcément imiter Paris; partout on a exploité la voix, toujours la voix, de sorte que depuis dix ans, le mal est devenu général, et l'art a cédé le pas à l'industrie artistique.

Cette industrie n'est pas plus difficile qu'une autre; on imite le chant avec de piètres chanteurs, comme on imite le bronze avec le zinc, comme on imite le marbre et le chêne avec le sapin. Ce n'en est pas moins un affreux gâchis. La fabrique de contrefaçon de chanteurs est établie rue Lepelletier, et sa succursale, rue du Faubourg Poissonnière; avis à ceux qui espèrent se vouer pendant quelques mois à l'adoration du veau d'or! Je dis quelques mois, parce que l'artiste qui a conscience de sa valeur, qui ne cherche pas à dépasser le but, ou à sacrifier au mauvais goût, reste dans l'ornière; malgré tout le talent qu'il peut avoir, s'il ne crie pas à vous briser le tympan, il n'est pas admiré par la masse, bientôt il se dégoûte, il se retire, et, comme je l'ai dit ci-dessus, son règne est de quelques mois : le véritable artiste résiste seul à d'aussi cruelles épreuves.

En France, vainement on voudrait le dissimuler, le goût musical est bien moins développé qu'en Italie. Là, toutes les classes et notamment la classe ouvrière, connaissent instinctivement la bonne manière de chanter; elles l'analysent et la discutent. J'ai entendu au théâtre du *Carcano,* à Milan, des artistes faisant déjà carrière, jugés et appréciés par un parterre tellement intelligent, par des auditeurs tellement bien organisés, au point de vue musical, que chacun savait analyser à la fois les défauts et les qualités du chanteur, et le faisait en termes techniques et d'une manière suffisamment précise, pour expliquer clairement ce qu'il restait à faire à l'artiste, pour se corriger ou se perfectionner.

Il n'en est pas ainsi en France. Loin de chercher à se former le goût musical et à s'instruire, il est de bon ton de bâiller au théâtre, de se dire blasé, et de se laisser influencer par telle ou telle critique, souvent trop indulgente pour les uns, souvent aussi trop injuste pour les autres.

L'Opéra ne devrait pas être une entreprise industrielle; la France est trop grande, trop généreuse, trop amie du progrès, pour vouloir ajouter une semblable ressource aux recettes de son budget. Si des administrateurs ont cru devoir le faire dans l'intérêt de leur position, la France l'ignore, et dans tous les cas la France ne le demande pas.

Au résumé donc, l'Académie Impériale de Musique, devrait être une école pour les musiciens, aussi bien que la Comédie Française en est une pour les littérateurs. Elle devrait représenter les ouvrages classiques, alterner l'ancien répertoire avec le nouveau, et créer ainsi un musée pour les chefs-d'œuvre des illustrations musicales anciennes et modernes, comme le Louvre est le musée où sont réunis les chefs-d'œuvre des illustrations anciennes et modernes de la peinture. Les chanteurs seraient alors forcés de travailler s'ils veulent chanter convenablement cette musique, qui est bien autrement difficile à interpréter que celle de Verdi, et l'Opéra deviendrait l'Académie de Musique. De même au Conservatoire, en poussant avec activité les études, en faisant pour le pensionnat ce qu'on fait pour les écoles normales et universitaires, et en révisant le règlement en vigueur, on arriverait, en peu d'années, à des

résultats, que l'on considère aujourd'hui comme
inespérés. Ainsi, le Conservatoire, au point de
vue du chant, serait d'une utilité réelle pour
les théâtres lyriques de Paris et de la province.

Pour conclure je dirai : La cause première
de la décadence est originaire du Conservatoire
et de l'Académie Impériale de Musique de Paris.
Il importe, par conséquent, de modifier le plus
promptement possible ce qui existe de défectueux au Conservatoire, pour avoir de vrais
chanteurs ; puis, d'introduire des réformes radi-
cales dans le système actuel de l'Académie
de Musique, afin d'y réunir des interprètes distingués, des artistes hors ligne.

L'Opéra serait alors en droit d'imposer aux
compositeurs, qui, eux aussi, ont besoin de
ramener la musique vocale à son point de
départ, d'écrire dans les limites naturelles de
toutes les voix, pour des emplois déterminés ;
de plus, il serait autorisé à leur interdire
l'usage trop fréquent des *si* et des *ut* de poitrine pour les ténors, et des *contre-mi* pour

les soprani. Les compositeurs y trouveraient également leur compte ; car aujourd'hui leur situation laisse aussi beaucoup à désirer. On en jugera par le tableau qu'en fait Théophile Gauthier, à propos de l'apparition récente de *Roland à Roncevaux*, à la Salle de la rue Lepelletier.

Voici comment s'exprime cet éminent critique :

« On a dit que la patience était la moitié du génie. Cela est vrai surtout pour les musiciens : leur vie se compose de longues attentes, d'espoirs presque toujours déçus, et de découragements, hélas ! trop bien justifiés, auxquels se joignent les soucis de l'existence matérielle. Moins favorisé que le peintre, à qui suffit un bout de toile et quelques couleurs peu coûteuses ; que le poëte, qui n'a besoin que d'un crayon et de la feuille déchirée d'un carnet, le compositeur ne peut se manifester qu'au moyen d'un orchestre difficile à réunir, plus difficile encore à payer, et, pour surcroît de malheur, si son génie le pousse au drame lyrique, il lui faut un théâtre, des chanteurs, des choristes, des décors, une mise en scène dont les directions hésitent à faire les frais quand elles n'ont pour répondre de leurs dépenses de temps et d'argent que le nom d'un inconnu, peut-être célèbre demain, mais qui, après tout, peut fort bien ne pas réussir. Ajoutez à cela qu'il n'a existé jusqu'à présent, à Paris, que trois théâtres de musique, dont le premier, avec son répertoire de chefs-d'œuvre que le public ne se lasse pas d'entendre et redemande toujours, ne saurait admettre les œuvres nouvelles que dans une proportion nécessairement restreinte.

« Cette situation, qui est celle d'à peu près tous les jeunes compositeurs, et même de plusieurs d'entre eux qui ne sont plus jeunes, car on vieillit vite à ce métier, manque de gaieté, comme les tragédies, et il faut pour la supporter une de ces énergies froides et persistantes que rien ne rebute. Ensuite toute musique a besoin d'un poëme, d'un canevas avec un dessin tracé pour broder des couleurs. Que de démarches, que de courses, que de rendez-vous pris et manqués, que de sollicitations vaines auprès des librettistes en vogue, peu soucieux de partager les chances d'un début musical! Et quand ce *livret* est obtenu, soyez sûr que c'est un scenario informe, un vaudeville mal venu, un rossignol sans voix, un ours blanchi dans les cartons, dont il serait impossible, même au talent le plus expérimenté, de tirer parti. Les compositeurs encore vierges d'opéra ont cette faiblesse de croire à l'idée, à la passion, à la poésie; ils n'en sont pas encore arrivés à cette insouciance qui pique la note sur la syllabe sans s'inquiéter de ce qu'elle exprime. Ils restent placés devant ces vers estropiés, ces rimes sonnant faux, ces strophes mal construites, ce style niais et plat qui semble emprunté à l'éloquence en spirale des mirlitons. Pourtant on est encore bien heureux de l'avoir ce livret stupide, extorqué avec tant de peine! On se bat les flancs pour lui communiquer l'esprit, la vie, la flamme! On le surcharge de musique, on développe les airs, on grossit les chœurs, on exagère ce qui présente l'apparence d'une situation; on coud à cela une grande ouverture disproportionnée qui suffirait à un opéra en cinq actes, et où l'on montre qu'on est capable, tout aussi bien qu'un maître, de manier l'orchestre aux mille voix. Puis la chose est chantée devant les banquettes, en lever de rideau, par la troupe de ferblanc. Les journaux amis ou complaisants insèrent sur ouï-dire quelques lignes sur « ce jeune talent de tant d'avenir, » et tout est dit. Notez que nous parlons ici de ceux qui ont la veine. Combien n'ont pu dépasser l'antichambre du directeur, ou vivent sur l'espérance d'une lecture cent fois promise, cent fois retardée! »

Je ne saurais donner à ce paragraphe une fin plus concluante qu'en reproduisant les lignes ci-après, empruntées au spirituel ouvrage d'Hector

Berlioz intitulé : *A travers Champs*. J'ouvre le volume à la page consacrée à l'*École du Petit Chien* :

« L'École du petit chien est celle des chanteuses dont la voix extraordinairement étendue dans le haut, leur permet de lancer à tout bout de chant des contre-mi, et des contre-fa aigus, semblables, pour le caractère et le plaisir qu'ils font à l'auditoire, au cri d'un king's-charles dont on écrase la patte. Madame Cabel, il faut le reconnaître, à l'époque où elle pratiquait ce système de chant, atteignait toujours son but. Quand elle visait un mi ou un fa, et même un sol suraigu, c'était un sol, un fa, ou un mi qu'elle touchait ; mais on ne lui en savait aucun gré ; tandis que ses élèves ou imitatrices, ne parvenant d'ordinaire qu'au ré dièze s'il s'agit du mi, ou au mi, s'il s'agit du fa, excitent toujours ainsi des transports d'admiration frénétiques. Cette injustice et cette injustesse ont fini par dégoûter madame Cabel de son école. C'était fait pour cela. Maintenant elle se borne à chanter comme une femme charmante qu'elle est, et ne songe plus à imiter ni les petits chiens ni les oiseaux. »

Berlioz dit encore dans ce même ouvrage :

« Un déclamateur s'est-il fourré en tête que l'accentuation vraie ou fausse, mais outrée, est tout dans la musique dramatique, qu'elle peut tenir lieu de sonorité, de mesure, de rhythme, qu'elle suffit à remplacer le chant, la forme, la mélodie, le mouvement, la tonalité ; que, pour satisfaire les exigences d'un tel style ampoulé, boursouflé, bouffi, crevant d'emphase, on a le droit de prendre avec les plus admirables productions les plus étranges libertés ; quand il met ce système en pratique devant un certain public, l'enthousiasme le plus vif et le plus sincère le récompense d'avoir égorgé un grand maître, abîmé un chef-d'œuvre, mis en loques une belle mélodie, déchiré comme un haillon une passion sublime.

« Ces gens-là ont une qualité qui, en tous cas, ne suffirait point à faire d'eux des chanteurs, mais qu'ils ont d'ailleurs, en l'exagérant, transformée en défaut, en vice repoussant. Ce n'est plus un grain de beauté, c'est une verrue, un polype, une loupe qui s'étale sur un visage d'une insignifiance parfaite, quand il n'est pas d'une laideur absolue. De pareils praticiens sont les fléaux de la musique ; ils démoralisent le public, et c'est une mauvaise action de les encourager.

« Quant aux chanteurs qui ont une voix, une voix humaine et qui chantent, qui savent vocaliser et qui chantent, qui savent *la musique* et qui chantent, qui savent *le français* et qui chantent, qui savent accentuer avec discernement et qui chantent, et qui tout en chantant respectent l'œuvre et l'auteur dont ils sont les interprêtes attentifs, fidèles et intelligents, le public n'a trop souvent pour eux qu'*un dédain superbe* ou de *tièdes encouragements*. Leur visage régulier, tout uni, n'a pas de grain de beauté, pas de loupe, pas la moindre verrue, ils ne portent pas d'oripeaux, ils ne dansent pas sur la phrase. Ceux-là n'en sont pas moins les véritables chanteurs utiles et charmants, qui, restant dans les conditions de l'art, méritent les suffrages des gens de goût en général, et la reconnaissance des compositeurs en particulier. C'est par eux que l'art existe, c'est par les autres qu'il périt. Mais, direz-vous, oserait-on prétendre que le public n'applaudit pas aussi, et très-chaleureusement, de grand artistes, maîtres de toutes les ressources réelles du chant dramatique musical, doués de sensibilité, d'intelligence, de virtuosité et de cette faculté si rare qu'on nomme l'*inspiration ?* Non, sans doute ; le public *quelquefois* applaudit aussi ceux-là. Le public ressemble alors à ces requins qui suivent les navires et qu'on pêche à la ligne : il avale tout, le morceau de lard et le harpon. »

A vous donc, Conservatoire ! À vous, Académie Impériale de Musique ! À vous, compositeurs ! à lutter simultanément d'efforts, pour relever l'Art du Chant qui est à l'agonie, qui se meurt, et pour remplacer bientôt le mot fatal de *Décadence*, qui sert de titre à ce paragraphe, par celui de *Régénération !*...

Je sais que je m'expose à rencontrer quelque contradicteur, dont le portrait ressemblera à celui que Célimène fait de l'oncle Damis :

> « Qui, les deux bras croisés, du haut de son esprit,
> « Regarde avec pitié tout ce que chacun dit ! »

Mais d'autres me sauront gré de mettre en pratique ce vers admirable, où Célimène se peint elle-même :

> « Moi, je suis pour les gens qui disent leur pensée. »

V

REVERS DE LA MÉDAILLE.

Dans les précédents paragraphes, je crois avoir suffisamment indiqué la marche à suivre par l'élève, pour devenir réellement un chanteur, et un artiste.

En effet, procédant par gradation, pour être en mesure de suivre avec fruit un cours supérieur de chant, je dirai même, pour seulement en comprendre la méthode, il faut :

1° Devenir élémentairement musicien ; —

2° Faire choix d'un professeur capable ; — 3° Se livrer par conséquent à une étude sérieuse des Bases de l'Art du Chant ; — 4° Se rendre bien compte des causes de la décadence de cet Art.

Donc, en s'attachant à suivre ponctuellement la progression d'idées développées dans ce livre, l'élève peut devenir chanteur, et peut devenir artiste.

Là ne pouvait cependant s'arrêter la série de conseils agglomérés dans ce Traité, spécialement destiné à servir de Manuel et de Guide aux Jeunes chanteurs, et aux Amateurs.

Jusqu'ici je n'ai décrit que le beau côté de la médaille ; mais, comme toute autre, cette médaille a aussi son revers.

Être artiste, c'est fort bien, mais ce n'est pas tout : il faut parvenir à l'aide des connaissances acquises, à l'aide de son talent, et alors apparaissent en foule, ce que l'on pourrait nommer les tribulations artistiques du chanteur, dont les artistes, grands et petits, sont exposés à devoir traverser la filière.

Ces tribulations se rattachent particulièrement à la carrière théâtrale, que d'ordinaire on n'entrevoit qu'à travers un prisme, surtout quand il s'agit de la carrière lyrique. Le chanteur, on le voit constamment fêté et choyé, et cependant, il a sa large part de déboires, aussi bien et peut-être plus que tout autre. Pour un heureux jour, pour une soirée de succès, qui compense parfois de nombreuses peines, il a aussi d'amères déceptions, des heures tristes et affligeantes. C'est afin de cuirasser l'élève contre de pareilles épreuves, c'est dans la pensée d'éclairer le chanteur qui aura travaillé, que j'ai voulu comme corollaire de mon livre, ajouter ici une rapide esquisse des principales tribulations dont tout artiste peut ressentir les terribles atteintes.

Je leur tiendrai donc ce langage :

Élèves, celui qui veut parvenir par son mérite,

doit travailler avec ardeur, et espérer arriver
ainsi à un certain degré de talent et de réputation. La bonne volonté et la ferme résolution
de parvenir existent, mais la nature ne seconde
pas toujours les efforts du chanteur, qui, malgré
le travail et la persévérance, s'aperçoit alors que
ses ailes ne le porteront pas aussi haut qu'il
l'avait ambitionné ; car avant tout, il rêve la
Capitale, et tous ne peuvent cependant y débuter : le bon numéro d'une loterie peut difficilement être le partage de la généralité... Dans
cette éventualité, il doit jeter les yeux sur la
province. Qu'arrive-t-il alors ?

Pour débuter sur un théâtre quelconque, il
faut se faire entendre à un Agent ou Correspon-
dant dramatique ; selon le résultat de l'audition,
il vous propose un engagement.

Après vous avoir détaillé physiquement, et
en prenant un petit air protecteur, il dira :
« Jeune homme, vous vous destinez au théâtre, c'est bien ; mais vous n'êtes pas connu, et
pour vous faire connaître, il faut vous imposer

des sacrifices et ne pas élever vos prétentions. »

L'élève qui, pour devenir artiste, a déjà fait
de grands sacrifices, voit donc tout d'abord
s'affaiblir l'espoir de réaliser des bénéfices,
surtout si, comme cela arrive souvent, il a en
outre à remplir les obligations d'un contrat particulier, par lequel il s'est anticipativement
engagé à abandonner à son professeur, la moitié
de ses appointements pendant la première année
d'exercice, le tiers pendant la seconde année,
et enfin le quart pendant la troisième ; système
qui se pratique depuis quelques années au
profit des éleveurs de ténors.

Bref, il faut saisir au vol l'occasion de se
placer ; de sorte que le chanteur consent à faire
de nouveaux sacrifices, sinon, il resterait libre
d'engagement et sans emploi.

L'Agent lui présente alors un imprimé, véritable grimoire auquel on donne le titre d'*Engagement*; mais cet Agent est le mandataire du

Directeur, son temps est précieux, il est toujours affairé, surchargé de travail, et par conséquent il invite l'artiste à signer sans lire. « A quoi bon prendre cette peine, dit-il, on ne tient aucun compte de l'imprimé ; la partie écrite ou ajoutée à la main a seule de l'importance. » Ne voulant pas abuser des instants d'un homme aussi occupé, le jeune novice, peu au courant de ces expédients, étranges petites misères de la vie artistique, malheureusement trop ignorées, et ne s'entendant pas davantage aux affaires, signe avec la confiance de l'inexpérience, et ne se doute pas de ce que son inconséquence pourra lui coûter.

Il a donc signé son engagement, et par ce fait, il devient l'esclave blanc, la chose du Directeur. Le grimoire est rédigé de telle façon, que l'artiste ne peut rien, sans autorisation préalable ; il ne peut ni chanter, ni sortir de chez lui, sans permission. Le Directeur peut le faire travailler jour et nuit, l'obliger à chanter les chœurs, à figurer dans l'opéra et les pièces à spectacle, à jouer le vaudeville, que sais-je !...

L'artiste est complétement à sa merci, sans avoir jamais le droit de se plaindre; car s'il lui arrive de récriminer, la réponse est toute prête: « Je n'en puis rien, Monsieur ou Madame, il fallait lire votre engagement avant de le signer. »

En un mot, tout est prévu en faveur du Directeur, et tout est combiné pour frapper l'artiste, auquel aucune garantie n'est donnée, pas même celle des appointements, qui lui échappent souvent, après avoir vécu et travaillé dans l'espérance de les toucher. Telle est la mission de l'Agent dramatique; mais, pour couronner ses bons offices, la prudence lui vient en aide, et comme il est d'usage de faire à l'artiste l'avance d'un premier mois d'appointements, il commence par faire la rentrée de ses honoraires, et par se payer, en retenant sur cette avance, une commission de deux et demi pour cent, calculée non sur un mois, mais sur la totalité des appointements de l'année. L'Agent est par conséquent intégralement libéré, alors que l'artiste n'a que l'espérance de l'être à la fin de la campagne.

Ce n'est pas tout. Le débutant ne réussit pas toujours ; l'émotion paralyse ses moyens, et souvent le public n'en tient aucun compte. Le jeune artiste tombe, et le voilà obligé de chercher un nouvel engagement. Il retourne chez l'Agent qui lui propose une autre ville ; on débat les conditions, on s'arrange, on signe, et l'Agent a soin de retenir une seconde fois, sur un second mois d'appointements, les deux et demi pour cent, calculés de nouveau sur l'intégralité des appointements de l'année, que le pauvre contribuable n'est pas plus sûr de toucher que la première fois.

C'est ainsi que cela se passe, et l'impôt artistique est d'autant plus immoral, que presque toujours le Directeur, avec lequel vous êtes en négociation, vous impose tel ou tel Agent, uniquement parce qu'il partage avec lui le produit des honoraires.

Je dirai donc à l'artiste : passez sous les fourches caudines de l'Agent, si vous ne pouvez vous en affranchir, mais ayez soin de lire, et de bien lire, votre engagement avant de le signer.

L'artiste, pour débuter, a dû nécessairement établir sa garde-robe de théâtre ; il a dû faire les frais de riches costumes, qu'il paye bien au-delà de leur valeur, car, à de rares exceptions près, le débutant doit en échelonner les payements, et il va de soi, qu'on exige de lui de forts intérêts, sous prétexte que l'artiste ne s'acquitte pas toujours régulièrement. Dam ! je le crois sans peine, comment pourrait-il faire honneur à ses affaires ? Il gagne peu d'argent, et il est obligé d'en donner plus qu'il n'en gagne.

En somme donc, le débutant travaille exclusivement pour l'Agent et pour le costumier.

Semer beaucoup, pour récolter peu, tel est le commencement de la carrière, pour tous ceux qui ne sont pas les élus de la grande cité.

Mais on peut prévenir ce danger. Que le débu-

tant soit musicien, qu'il soit chanteur, il sera
alors tout au moins à la hauteur des lauréats du
Conservatoire, et au lieu d'être un objet d'ex-
ploitation, il pourra, dès le début, dicter ses
conditions.

Voici venir maintenant la question du répertoire.

L'artiste, qui commence, a d'ordinaire un
répertoire très-limité ; il doit par conséquent
travailler beaucoup pour apprendre, et risque
de se fatiguer la voix.

Il est à remarquer que les exigences du
Directeur sont toujours en raison inverse des
appointements ; il sera, chapeau bas, le très-
humble serviteur du sujet qu'il paye trente à
quarante mille francs, et prendra le ton cosaque
du garde-chiourme en s'adressant à un emploi
secondaire. Poursuivant ainsi son système de
justice distributive, il estimera que l'artiste débutant ne lui fait jamais assez de besogne, et il
ne tiendra aucun compte de son inexpérience.

Loin de l'aider, il le décourage, et se hâte de le livrer au public, qui en a bientôt fait sa proie. Dans cette situation, le débutant doit apprendre, soit un grand opéra, soit un opéra comique, dans l'espace de huit à dix jours; on met en scène dans la journée, on joue le soir, et tout cela nonobstant les études et les répétitions.

Si ses camarades ont joué l'ouvrage ailleurs, et que le débutant n'ait pas encore paru dans la pièce, on se contente de lui donner un simple raccord, pour les scènes qu'il doit interpréter, et cela pour ne pas trop déranger le régisseur et le chef d'orchestre : pour ces Messieurs, la partie de bac ou de domino passe avant la répétition ! Après cela, qu'il sache ou qu'il ne sache pas, peu importe. C'est ainsi que les choses se pratiquent dans les villes de province, et le débutant doit en passer par là, rien que pour arriver à se faire connaître.

Avec le peu de temps qu'il lui reste, comment l'artiste peut-il songer à travailler pour s'iden-

tifier avec le personnage qu'il est appelé à représenter, pour en étudier le caractère, et se mettre
convenablement dans la voix la partie musicale
de son rôle. Le manque de répétitions est d'ailleurs une des causes principales, qui empêchent
les théâtres de province d'arriver à une bonne
exécution. Le répertoire français étant étendu
et varié, il est difficile au débutant d'arriver
d'emblée à une exécution parfaite. Loin de là,
cette précipitation des études provoque chez
lui une fatigue inévitable, et lui fait contracter des défauts dont il ne peut plus se
corriger.

Si, dans le courant de la saison, l'artiste
obtient quelque succès dans un rôle, il cherche
à reproduire les mêmes effets, les mêmes gestes
dans d'autres créations, et il en résulte une
fâcheuse monotonie, sur laquelle la province
ferme souvent les yeux. Mais qu'il se hasarde
sur une scène parisienne, aussitôt on lui con-
seillera de retourner d'où il est venu, en disant
que les mauvaises habitudes de la province
constituent seules tout son mérite.

L'artiste de province, ne peut disposer du temps matériellement nécessaire pour approfondir un rôle, il n'a pas à ses côtés les auteurs, pour lui communiquer leurs intentions, pour lui indiquer les plus minutieux effets. Il suit son inspiration, façonne tant bien que mal son personnage comme il le comprend, et s'il réussit, on lui sait médiocrement gré des bonnes choses qui sont de lui, et non des auteurs.

L'artiste n'est certes pas infaillible, car en scène il ne se voit pas toujours, et ne se connaît pas. Souvent même, une erreur grossière produit de l'effet sur une certaine fraction du public, tandis qu'un détail gracieux, bien senti, bien exprimé, passera inaperçu ou produira une impression diamétralement opposée. Mais ici, encore, l'élève qui aura travaillé sérieusement ne sera pas exposé à de semblables déboires, quand viendra le moment de ses débuts; le temps qu'il mettra pour déchiffrer une partition, et la comprendre, se bornera à une lecture : dès-lors toutes ses études tourneront au profit du personnage qu'il devra représenter.

Incontestablement, certains rôles font ou forment les artistes. Ainsi, s'il a le bonheur de créer un rôle avantageux dans une pièce nouvelle, le public qui ne juge plus que par comparaison, lui accordera une grande supériorité sur tous ceux qui chanteront ce rôle après lui, surtout s'il le sait bien, et s'il le chante convenablement : son succès alors est assuré. C'est pourquoi, si son successeur le joue d'une autre façon; si, tout en restant bien dans son personnage, il en modifie les effets et le sentiment, on le trouvera mauvais. Et cependant, on peut remplir également bien un rôle, tout en l'interprétant d'une manière différente. Chaque individu a sa nature qui lui est propre, l'un peut avoir plus de finesse que l'autre, comme aussi l'étude et l'analyse d'un personnage peuvent amener tel ou tel artiste à faire ressortir certaines scènes, que le créateur du rôle aura laissé passer inaperçues. Mais,. c'est égal, la routine est là, inexorable : cela vaut mieux, mais on le trouve moins bien. Dire pourquoi?... Telle est la difficulté. Un beau rôle peut porter bien haut un artiste; mais souvent un rôle secondaire enlève à celui qui le remplit une large part des sympathies auxquelles il a droit. De sorte que, si le Directeur veut se débarrasser d'un artiste, il n'a que ce moyen à employer. Il parvient ainsi à faire oublier, celui qui, quelque temps avant, était fêté, et semblait destiné à ne jamais devoir abandonner le théâtre de ses constants succès.

Quelque fondé que puisse être un raisonnement, il est toujours utile de l'appuyer d'une preuve. Cette preuve, je n'irai pas la chercher dans un de ces petits théâtres où l'on fait du cabotinage plutôt que de l'art; cette preuve, je la trouve dans un théâtre de premier ordre, au Théâtre royal de la Monnaie, de Bruxelles. Pour la rendre plus évidente, je remonte à 1833, à l'époque la plus florissante de cette scène, dont la direction était alors confiée à M. Cartigny, à l'époque à laquelle Chollet y brillait dans toute la splendeur de son talent et de sa voix.

Les extraits suivants d'une lettre adressée par Chollet à la rédaction du *Courrier belge*, en diront plus que tous les commentaires auxquels on pourrait se liver à cet égard.

A Monsieur le Rédacteur du COURRIER BELGE.

Bruxelles, 6 octobre 1833.

« MONSIEUR,

« Le *Mercure,* dans son numéro du 4 octobre, contient un article de théâtre, ayant pour titre : *L'Adminis-tration.* — *M. Chollet.* Cet article respire un intérêt exclusif pour l'administration et me donne tort sur toutes choses avec une sévérité et un aplomb qui semblent ne point laisser de réplique, et cependant quoi qu'en dise son auteur, la vérité y est souvent altérée pour ne pas dire sans cesse. Au reste, je réfuterai seulement deux ou trois de ses principales assertions, afin de donner au public la juste mesure de confiance qu'il doit avoir dans le reste.

« Il y a effectivement près de trois mois que M. Cartiguy m'écrivit pour me demander purement et simplement si mon intention était de renouer avec lui. Je répondis par une affirmation pure et simple, *mais il n'y eut point alors de convention définitivement arrêtée.* Ma demande de changer d'emploi s'est faite tardivement, parce que c'est tardivement aussi que M. le Directeur a entamé les négociations définitives. D'ailleurs, quand j'ai fait cette demande, j'ignorais qu'un autre sujet fut engagé, et quand je l'ai su, j'ai cru donner encore le moyen de traiter avec moi en demandant au moins le choix des rôles *seulement dans les pièces nouvelles*. Mais il n'est pas supposable que j'aie pu prétendre à joindre à mes emplois, qui sont les Barytons, les Martin, Laïs, Solié et mes rôles créés à Paris, un autre emploi qui nécessite presque toujours l'entourage des rôles de Barytons, Martin, Laïs ou Solié. Ce serait une absurdité dont je ne suis vraiment pas encore capable, et me l'imputer, n'est-ce pas une dérision ?

« Ce qui m'avait déterminé à changer brusquement d'emploi, c'est que toutes les pièces du vieux domaine des emplois que je joue maintenant, sont usées ou à peu près, et que d'après la catégorie où je me trouve, je n'ai désormais à espérer que des rôles très-secondaires, et que ce sort ne me convient point.

« Quant au rôle de Raimbaut dans *Robert le Diable*, d'abord il n'est point de mon emploi, et ensuite il est faux que je l'aie refusé. J'ai supplié sans cesse le Directeur de me le retirer, voilà ce qui est vrai, et le Directeur y a consenti…

« Quant à la paresse dont on semble m'accuser, je répondrai que je n'ai effectivement pas fait ici le service que j'y aurais pu faire ; mais cela n'a pas toujours dépendu de moi. J'ai souvent manifesté le désir de remonter, d'exhumer pour ainsi dire, d'anciens ouvrages qui, délaissés depuis un très-long temps, pouvaient avoir par cela même, l'attrait de la nouveauté. Je citerai *Anacréon*, *Stratonice*, *Wallace*. Mon désir n'a pas été senti. De plus, si j'ai fait difficulté de monter tels ou tels ouvrages, c'est que je ne les ai point jugés susceptibles de succès. Dans la *Marquise de Brinvilliers*, par exemple, il n'y avait pas un rôle distribué à son véritable emploi. Dans les *Deux Nuits*, la même faute existe en partie, etc., etc. Il y a ici un doute, c'est de savoir si les fautes que je signale sont venues des artistes ou de la direction. Mais ce qui n'est point douteux, c'est qu'il y a faute, et que la cause ne peut en être attribuée à mon inertie ou à ma résistance à faire ce qui pouvait me compromettre.

Je finis en émettant un vœu bien sincère : c'est que les raisonnements du *Mercure*, relatifs aux choses qui appartiennent effectivement autant à l'industrie qu'aux arts, puissent toucher *ceux qui se donnent comme les organes du public.*

« Veuillez agréer, etc.

« CHOLLET. »

Il résulte de la lettre que je viens de transcrire, que les prétentions de Chollet se

bornaient à demander que, pour la prochaine
année théâtrale, on lui permit de remplir, outre
son emploi, non pas les *premiers ténors*, mais
les rôles qui, dans les pièces *nouvelles*, pouvaient convenir à son genre de talent. La question ainsi posée, pouvait-elle, si l'Administration
avait eu vraiment à cœur l'intérêt du public,
être résolue autrement que par l'acceptation des
offres de Chollet?

Jaloux de saisir, dans les ouvrages nouveaux,
les occasions qui peuvent se présenter de
prouver par son zèle toute la reconnaissance
que lui inspirent les bontés du public, mais en
même temps jaloux de conserver intacte et res-
pectée une des plus hautes réputations de la
scène lyrique, Chollet n'avait pas la prétention
de chasser sur les terres de ses camarades; il se
bornait à demander qu'on lui accordat la faculté
de remplir, dans les nouveautés, les rôles qui
convenaient à son genre de voix.

Le Directeur, néanmoins, en décida autrement. Bruxelles perdit Chollet qui rentra à

l'Opéra-Comique, et Paris applaudit des deux mains.

Cette lettre, nonobstant la modération de son style, n'en démontre pas moins qu'un travail sérieux, comme je le disais tout à l'heure, est d'autant plus essentiel au débutant, qu'en province il ne doit guère compter sur les conseils de la critique, alors que cette critique n'épargne même pas des artistes, qui sont arrivés par leur talent, au degré d'élévation de Chollet et de tant d'autres.

A Paris, la presse est généralement bienveillante. Lorsqu'elle donne un conseil ou fait une appréciation, c'est avec un sentiment exquis des convenances; dans son langage on trouve toujours la forme polie de gens bien élevés, et souvent l'opinion de juges instruits et compétents. En un mot, la critique parisienne prodigue comme toute autre, tantôt le blâme, tantôt la louange, et je n'entreprendrai certes pas de prouver qu'elle soit à l'abri de certaines influences dans la répartition de ses faveurs; mais, la presse parisienne a une valeur incontestable, celle d'éclairer l'artiste, et devant cette valeur, il faut s'incliner.

En province, c'est différent : là, les journaux locaux, n'ont pas toujours à leur disposition, des hommes lettrés, érudits, ou seulement capables d'écrire dans une feuille publique. Le feuilleton artistique surtout est le plus souvent confié à la plume d'un chroniqueur qui ne s'y connaît pas : ici, cette mission est remplie par quelque clerc de notaire auquel le journal donne une *entrée* au théâtre, en échange d'une quantité plus ou moins considérable d'annonces ; là, c'est quelque avocat sans cause, très-heureux de se délasser gratuitement au théâtre, et qui acquitte son *entrée* par une revue artistique aussi anti-musicale par le fond, qu'anti-littéraire par la forme ; plus loin, c'est l'éditeur ou parfois même l'imprimeur du journal, qui se croit capable d'écrire parce que le manuscrit des autres lui passe sous les yeux. Tout ce monde, tout ces barbouilleurs, marchands de papier noirci, viennent entendre les œuvres des maîtres et leurs interprètes. « Ils parlent de tout, ils jugent tout, ils écrivent sur tout, et ne connaissent rien. Ils sont insupportables de suffisance et de pédantisme, et presque toujours il y a chez eux parti pris, car ils appartiennent au plus offrant. Faute de connaissances, ils adressent des éloges pompeux et exagérés à certains artistes qui les adulent, alors qu'il n'y a que le blâme à décerner; pour d'autres au contraire, ils n'ont que des grossièretés et des injures, ce qui provoque parfois des scènes scandaleuses, toujours regrettables, et que l'artiste fait toujours bien d'éviter. »

Or, ce ne sont pas là des conseils. L'injustice, le parti pris, la méchanceté, l'injure, sont les armes de l'ignorance, et tout le monde est capable de faire le fanfaron à l'aide de pareilles prouesses. Mais, remplir consciencieusement une mission de critique impartiale, former en quelque sorte l'instruction musicale et artistique d'un public, c'est autre chose, et pour s'en acquitter, il faut avoir des connaissancs spéciales, il faut pouvoir lire une partition, pouvoir en signaler les passages défectueux, et en faire ressortir les beautés ; il faut pouvoir éclairer l'artiste, lui donner d'utiles enseignements, lui indiquer, s'il y a lieu, le moyen de bien faire, en un mot, analyser ses défauts et ses qualités ; car alors, l'artiste, animé du désir de parvenir, écoute et profite, et le public, s'il juge d'après l'opinion du critique, ce qui arrive souvent, juge avec connaissance de cause, et sait ce qu'il dit, ce qui n'arrive pas toujours.

L'artiste est donc en butte à bien des tribulations. Sa position, son avenir le déterminent le plus souvent, à faire preuve d'abnégation, à oublier même sa dignité, pour ne pas châtier l'insolent folliculaire qui abuse de sa qualité de journaliste et de la rampe qui lui sert de barrière, pour nuire à sa réputation et à ses intérêts

C'est pourquoi, afin d'éviter tout colloque avec ces gens, qui confondent la liberté de la presse, avec la licence, je dirai aux jeunes artistes : Ayez assez de sagesse pour mesurer à

leur juste valeur, les articles que l'on produira
sur vous, et ne vous arrêtez qu'aux conseils de
ceux qui sont capables d'en donner.

« Aimez qu'on vous conseille et non qu'on
vous loue! » Cette maxime est applicable à tous
les chanteurs, mais surtout, à ceux que l'amour-
propre aveugle, depuis que l'instruction et la
science ne sont plus les principaux mobiles de
l'éducation artistique. Les journaux ont beau
écrire d'une manière injuste et malveillante, si
l'artiste a réellement du talent, le public finit
tôt ou tard par le reconnaître.

L'artiste qui, en raison de l'énormité de ses
appointements peut s'abonner à une foule de
journaliculets, a la faiblesse de ne pas reculer
devant cette contribution indirecte. Il est alors
abreuvé d'articles laudatifs de la part d'une
certaine presse; souvent même, cela ne le contente pas, et dans ce cas, pour être plus sûr
d'en avoir à son gré, pour avoir satisfaction
d'une rivalité plus ou moins fondée, et qui,
d'ordinaire, n'existe que dans son imagination,

il écrit ses articles lui-même!... C'est là un travers, et je le signale pour prévenir l'artiste contre une semblable infirmité; car, c'en est une...

Il y a aussi bien des petites industries qui s'exercent au détriment de l'artiste, et bien des petits moyens pour obtenir des succès apparents. Je conviens même qu'il n'est pas toujours facile de résister à la tentation, surtout quand il s'agit de combattre l'injustice. Néanmoins, je le répète, il est bon de se tenir en garde contre une semblable séduction ; car si la carrière du chanteur est lucrative pour quelques-uns, elle ne l'est pas pour tous, et le tarif des succès de cette nature, est invariable.

L'ignorance, la faiblesse, et l'amour exagéré des applaudissements ont seuls développé ces divers moyens de succès, qui, en fin de compte, se traduisent en intrigues, cabales et coteries. Cette plaie existe malheureusement à peu près dans toutes les villes, je dirai même dans tous les pays.

Il est à remarquer que ce sont en partie les artistes, qui ont eux-mêmes donné naissance à ces tribulations ; parce qu'ils ne sont pas assez sérieux ; ils oublient que le mal qu'ils font aujourd'hui à d'autres, en s'écartant de la ligne droite, peut, dès le lendemain rejaillir sur eux ; que les mêmes moyens sont à la disposition des uns, aussi bien que des autres, et que le taux en est stéréotypé. Voilà pourquoi à chaque instant, ces grandes étoiles de la veille, disparaissent comme de simples météores passagers, et sont réduites ainsi à la triste situation d'étoiles filantes. D'un premier sujet porté aux nues, sans qu'on en devine la raison, on est étonné de n'en retrouver soudain plus aucune trace, aucun vestige ; cette merveille s'est évanouie comme l'aurore d'un beau jour.

Il est bon, il est utile même, de prémunir aussi le débutant contre certains procédés qui ne sont pas toujours des plus honnêtes, ni des plus moraux. Après un séjour de plusieurs années dans une ville, l'artiste exerce souvent un peu d'influence dans le cercle de ses relations. Il arrive alors, que parfois il use de cet ascendant pour déblatérer quelque peu, sur tel ou tel camarade; puis, par insinuation, il lui attribue des défauts, et cherche à compromettre, sinon à perdre, la position de ce collègue. Pourquoi cela?

Rien que dans l'espoir d'obtenir quelques applaudissements de plus, en empêchant son partenaire d'en recueillir. Rechercher une autre intention ce serait faire erreur. Mais à un moment donné, les amis passionnés de l'un, chutent ou sifflent les applaudissements décernés à l'autre; de sorte qu'il se trouve, comme je le disais tout à l'heure, que de semblables succès finissent par dégénérer en une formidable opposition, due, en définitive, à l'égoïsme, à l'envie, et à la jalousie. Quelles racines peuvent d'ailleurs avoir ces succès de complaisance, résultat de courbettes, de démarches, de causeries de café ou de taverne? On espère ainsi se faire des amis, et on ne trouve que des créatures; de plus, on perd infiniment plus de temps, de voix et de santé, en agissant de la sorte, qu'en

recherchant les applaudissements par la médi-
tation et le travail.

Plaire au public, n'est pas toujours une chose
facile, nonobstant l'étude, la conscience et le
talent. Mais il ne faut pas s'en prendre à ce
public. Il ignore, ou ne peut pas toujours se
rendre compte de ce que l'artiste éprouve
d'émotions avant d'entrer en scène. S'il pouvait
s'en douter, il serait souvent plus équitable,
il chercherait à juger sainement, et sans parti
pris. Des militaires, des hommes pleins de
courage, m'ont dit plus d'une fois, qu'ils
préféreraient braver cent fois le canon, que
de prendre une seule fois la parole, ou pro-
noncer un discours, soit à la tribune, soit en
scène.

Au nombre des singularités les plus étranges
qui se produisent au théâtre, il y a celle-ci : on
n'admet pas qu'un artiste puisse être moins bien
disposé un jour qu'un autre ; comme si sa qualité de chanteur le mettait à l'abri des refroidis-
sements, des névralgies, de ces malaises qui

n'ont pas de nom, et qui accablent le commun des martyrs.

On lui reproche alors par des murmures, par des chuts, que sa voix est moins pure que de coutume; tout ce qu'il a pu faire d'efforts pendant des mois entiers pour plaire, est instantanément oublié par suite d'un simple enrouement : c'est ce que l'on appelle généralement l'ingratitude de Messieurs les abonnés et habitués, qui, cependant, sont tous les soirs au théâtre.

Mais le chanteur n'a pas seulement à combattre les rhumes et les indispositions, il a constamment à lutter pour se maintenir en faveur, et plus encore pour triompher de la froideur, ou de l'indifférence, de la partie éclairée du public, qui, pour ne pas se compromettre, s'abstient d'ordinaire quand on le satisfait, et transige peu quand on ne réussit pas à son gré un morceau ou une scène, et moins encore si l'artiste a une défaillance de l'instrument. Cependant, le chanteur consciencieux, n'existe

réellement que durant les instants où il espère
un succès, puisque c'est là sa récompense. La
représentation du soir est son unique préoccupation; il cherche toujours, dans la pensée
de mieux faire, et au moment où il croit y
être parvenu, il trouve une déception; car il
est exposé plus que tout autre aux intempéries
de la saison rigoureuse. Il lui suffit de passer
du théâtre à sa loge pour se refroidir; de sorte,
qu'il arrive, qu'au moment d'entrer en scène, ses
moyens se sont subitement altérés; il n'a pas
même pu s'en apercevoir. Alors on le chute,
on le siffle sans pitié, comme s'il n'avait pas
chanté la veille de manière à conquérir les
applaudissements de la salle entière, comme
s'il n'était plus capable d'obtenir ces mêmes
applaudissements le lendemain.

Je ne fais ici aucune allusion aux amateurs
de musique, gens sérieux, qui aiment l'artiste,
et se plaisent à reconnaître chez lui des qualités,
tout en déplorant aussi ses défauts. Mais ces
amateurs sérieux sont toujours en petit nombre.
J'ai voulu parler de ceux qui entachent vérita-

blement un auditoire de bonne compagnie; de
ceux qui, par leurs extravagances, éloignent du
théâtre le public, qui désire charmer ses loisirs
en écoutant une bonne musique bien inter-
prétée, quand les éléments sont en rapport avec
les ressources de la localité; j'ai voulu parler
de ces êtres prétentieux et ridicules, dont le
savoir se borne à chiffonner plus ou moins
bien un nœud de cravate, et à se faire la raie
des cheveux au milieu du front.

Je ne prétends pas ici combattre la protesta-
tion faite à l'artiste lorsqu'il ne remplit pas les
conditions exigibles de son emploi, car alors
c'est le public qui agit. Mais je m'élève contre
l'outrecuidance de ces mauvais plaisants qui
veulent s'ériger en arbitres suprêmes, et qui, en
faisant un sot étalage d'ignorance, se prétendent seuls connaisseurs, et font une opposition,
quand même, à l'expression de satisfaction de
tout un auditoire.

Ainsi, un artiste nouvellement engagé arrive
dans une ville pour faire ses débuts; il ne con-

naît personne, et d'après les avis qu'on lui donne, il va au café le plus voisin du théâtre, dans l'espoir d'être mis en rapport avec quelques-uns de ces abonnés, réputés malins.

Après l'échange des préliminaires d'usage, l'artiste décline ses noms et qualités; puis le colloque suivant s'établit entre nos deux interlocuteurs :

— Ah! ah! Monsieur, vous venez remplacer ici un artiste qui était très-aimé! Diable! la place sera difficile à tenir...

— Je le sais, répond l'artiste; mais enfin, chacun en ce monde peut revendiquer sa part de soleil, et j'espère vous contenter.

— J'ai peur pour vous, car votre prédécesseur avait du talent; il faisait tous les soirs sa partie avec nous; il était original et amusant au possible..... C'est une perte.....

— Je ferai tous mes efforts pour l'égaler,

sinon au café, du moins au théâtre. Mais dites-
moi, cher Monsieur, dans tel opéra, pouvait-il
surmonter telle et telle difficultés?

— Non, non. Il changeait çà et là quelque
chose, il transposait ce qui le gênait.

— Ah!..... Mais dans telle autre pièce, chan-
tait-il cette romance si mélodieuse, mais si difficile?

— Oh non! il la passait. Pourquoi le pauvre
garçon se serait-il fatigué?.....

— Ah!..... Mais arrivé à ce redoutable passage de tel autre rôle, parvenait-il à l'exécuter?

— Du tout, du tout : il en faisait la coupure;
on ne s'en apercevait pas. Nous savons qu'il
était souvent mauvais; mais, vous concevez, il
était notre ami, il était gentil, obligeant au jeu,
il nous gagnait quelques consommations.....
Bref, c'est égal, nous l'aimions ainsi.

Or, le prédécesseur rognait, taillait, mutilait, ses rôles pour en élaguer toutes les difficultés. Son successeur arrive, il tient à se faire valoir, il rétablit ce qui avait été coupé ou supprimé, et alors, on le taxe de prétentions ridicules. On l'accuse de changer le texte de la partition, d'outre-passer son mandat; et tout cela parce qu'il tient à chanter, et à faire entendre en entier l'œuvre du compositeur. L'oreille routinière de l'abonné ne retrouvant plus les rôles abîmés ou mutilés comme de coutume, chute aussitôt le débutant, pour le récompenser de son zèle et de sa conscience, et la petite presse locale, tout aussi ignorante que l'abonné, jette feu et flamme contre lui.

Le nouveau venu est immédiatement perdu dans l'opinion du public, et souvent il est amené à résilier. Voilà comment, en général, on juge les chanteurs en province.

Il suffit de peu de chose pour transformer du tout au tout l'opinion du public; parfois même un artiste de talent déplaira, tandis qu'une ganache fera plaisir, et lorsqu'ainsi tout dépend du caprice, le succès tient à un rien.

Je le répète, tout ceci n'arrive pour ainsi dire qu'en province, et c'est là le revers de la médaille. Mais l'artiste, fort de son talent, puise son courage dans cette force, résiste aux méchantes intentions, à la cabale, et finit par triompher, bien que le public soit pour l'artiste, ce que le peuple est souvent pour le souverain :

> « Celui que la veille il encense,
> « Est immolé le lendemain. »

Travaillez donc, jeunes chanteurs, et travaillez beaucoup pour échapper à toutes ces turpitudes des scènes de second ordre. Le bon goût est tellement vicié et perverti par ces honteuses et dégradantes exhibitions de merveilles des casinos et des cafés-concerts, la déroute y est tellement générale, que l'artiste ne peut plus compter que sur son talent, et sur son expérience pour réussir à la longue.

A peine en serait-il autrement pour une de ces réputations qui font autorité, et encore, la discutera-t-on ; tandis que, sans conteste, on s'agenouillera devant l'impudence d'une grotesque prêtresse d'un Alcazar quelconque.

Que de fois j'ai vu des artistes de mérite tomber sous la cabale et l'intrigue, pour être remplacés par des gens incapables, qui avaient eu la précaution de se barricader derrière un monceau de lettres de recommandations. Certes, c'est là une injustice révoltante pour celui qui a travaillé, et qui a acquis un mérite réel....

Et cependant, pour être sacrifié de la sorte, il suffit d'une petite noirceur, perfidement lancée, ou d'un méchant article de journal, dont l'auteur n'aura même pas assisté à la représentation. Ce sont à de pareilles misères que sont attachés, le plus souvent, le prestige et la réputation d'un artiste, sa carrière, son avenir ; et si l'artiste est une femme jeune, jolie, séduisante, Dieu sait, et moi aussi, à quelles autres misères sont soumis sa réussite et son succès !...

Pour combler la mesure, l'artiste est seul pour se défendre contre tous; il est en butte à toutes les petites animosités, les petites roueries, les petites jalousies administratives; car le Directeur a en main, tout ce qu'il faut pour faire tomber un artiste.

Si quelque sultane favorite permet à un artiste de pénétrer dans le harem, dont le Directeur veut être le pacha, toutes les foudres de ce Jupiter-tonnant vont fondre sur le malheureux jeune homme qui lui est préféré. Pour se rendre redoutable, il dépêche quelques-uns de ses eunuques, qui se blottissent dans un coin du parterre, et mitraillent d'importance, à coups de sifflet, l'audacieux chanteur dont Fatmé a ramassé le mouchoir! Ce n'est pas la vengeance des dieux, mais bien la vengeance d'un Directeur, vengeance aussi peu courageuse que déloyale, mais dont les exemples sont fréquents à l'époque des *Jocrisses de l'Amour!*

Maintenant, si à la fin d'une campagne, l'artiste croit, en toute justice, pouvoir élever ses prétentions, ou plutôt, s'il désire être moins exploité, lors du renouvellement de son engament, le Directeur use encore du même moyen.

S'il ne fait pas de continuelles courbettes devant l'un ou l'autre des bailleurs de fonds de l'entreprise, il est certain d'être en butte aux mêmes déboires ; car il faut se montrer peu avare de génuflexions devant ces potentats aux gros sous, qui se croient une chose indispensable ; ils veulent absolument qu'on reconnaisse leur imaginaire importance, et trouvent que l'artiste qui se respecte, n'est pas à la hauteur du théâtre dont ils exploitent les recettes ; comme si l'artiste avait à tenir compte d'un trafic de capitaux placés à un taux pyramidal, sur le produit de son talent. Ceci m'a fait dire bien souvent, que, si les artistes étaient plus raisonnables, et comprenaient mieux leurs intérêts, ils s'exploiteraient eux-mêmes, et ne seraient plus sous la tutelle de pareils spéculateurs.

Il doit aussi ne pas ménager les cadeaux à

certains critiques, qui se croient influents, s'il désire ne pas encourir une disgrâce, qui peut diminuer ses chances de succès ; car enfin, les petits cadeaux entretiennent l'amitié, et certaines gens font feu de tout bois.

Ce n'est pas tout encore.

Lorsque le public en veut au Directeur, c'est à l'artiste qu'il s'en prend ; de cette façon, soit par haine, soit par vengeance, l'artiste compromet sa position, entrave sa carrière, et s'il s'en affecte sérieusement, il perd quelquefois même une partie de ses moyens.

Le Directeur alors, remplace l'artiste tombé par un autre, et souvent, en agissant ainsi, le public va au-devant de ses vœux ; car d'ordinaire, il paye moins cher le remplaçant, que l'artiste injustement renvoyé. Celui-ci est exposé à rester alors sans emploi, la famille dont il est le soutien tombe dans le besoin ; mais on s'en lave les mains, une vengeance particulière a été satisfaite, et on se persuade d'avoir fait une niche au Directeur. Mais, tandis que les cabaleurs sont en admiration devant un si beau courage : une mère, une femme, des enfants, pleurent et se désolent, car le sifflet a anéanti leurs seules ressources, leur unique espérance !...

Ainsi, au lieu d'atteindre le coupable, la cabale a frappé des innocents : telle est la justice distributive au théâtre.

L'artiste perd ainsi le fruit de dix ou de quinze années d'études, et le Directeur est ménagé. Puis, avec un imperturbable sang-froid, ce dernier répond à l'artiste outragé :

« Je veux plaire à mon public ; malgré l'intérêt que je vous porte, je suis obligé de vous remplacer ! »

Sur qui donc l'artiste peut-il compter en province, si ce n'est sur les amateurs sérieux, dont j'ai parlé tantôt, et qui restent étrangers à toutes ces manigances ? Que pourrait-il faire d'ailleurs dans des localités, où le succès est dévolu à des gens sans talent, uniquement parce qu'ils ont un larynx d'une force de taureau, et où le public n'établit plus de différence entre une voix formidable et un chanteur? Déjà les acrobates sont devenus des virtuoses, et jouent le *Carnaval de Venise*, en équilibre au sommet d'une échelle; si ces tendances équilibristes se perpétuent, on entendra bientôt l'*ut de poitrine* lancé par quelque Léotard en faisant le saut périlleux, et le fameux *Suivez-moi* de *Guillaume Tell* en traversant une centaine de tonneaux, sur un coursier en carrière!

L'artiste, en province, est donc le point de mire, la cible fixe, qui reçoit tous les projectiles; il doit rester impassible à la fois, devant les antagonistes acharnés qui le victiment, et devant le mauvais vouloir d'un Directeur et de ses bailleurs de fonds.

Est-ce à dire que les artistes de Paris ont le privilége d'échapper à tous ces tourments, à toutes ces cabales? Certainement, non. Mais ces cas sont fort rares, et ne se présentent guère que dans des circonstances exceptionnelles. Comme témoignage d'impartialité, je vais transcrire encore une lettre adressée au *Journal des Débats*, par Mme *Rosina Stoltz*, après la création de *Robert Bruce* à l'Opéra. La cabale voulait renverser l'Administration de M. Léon Pilet, et pour victime elle choisit Mme *Rosina Stoltz*, qui a eu des remplaçantes, mais qui jamais n'a été remplacée.

Voici cette lettre :

A Monsieur le Rédacteur en chef du JOURNAL DES DÉBATS.

Paris, 2 janvier 1847.

« MONSIEUR LE RÉDACTEUR,

« Voyant avec un vif regret quelques journaux se méprendre sur la cause véritable de l'émotion que je n'ai pu maîtriser avant-hier pendant le deuxième acte de *Robert Bruce*, et craignant de voir une partie du public trompée par cette méprise, je dois aux personnes qui m'ont mal jugée, comme à celles qui ont eu la bonté de me prêter leur appui, une explication franche et complète de ce triste incident.

« Il y a douze jours, à peine échappée aux dangers d'une fluxion de poitrine, présumant peut-être un peu trop de mes forces, et ne pouvant pas prévoir qu'il me surviendrait dans la nuit une nouvelle indisposition, j'avais laissé afficher la première représentation de *Robert Bruce*. Habituée à dompter mes souffrances pour remplir mon devoir, je combattis toute la journée les progrès du mal, et ce ne fut qu'à cinq heures du soir, qu'épuisée par la lutte, j'ouvre les yeux à l'évidence, et reconnus avec mon médecin l'impossibilité absolue de sortir de chez moi.

« De là, triste nécessité de faire *relâche* et de causer à toutes les personnes qu'avait attirées l'annonce de la représentation, un désappointement cruel que je ne saurais assez regretter, mais qu'aucune force humaine ne me permettait de leur épargner.

« Dès le lendemain cependant j'eus la douleur d'apprendre qu'une malveillance, dont il ne m'appartient pas de signaler la cause, mais dont personne ne peut méconnaître les effets, s'était appliquée à me calomnier de mille façons. Suivant l'un, j'avais fait manquer le spectacle *par caprice*; suivant l'autre, j'avais voulu forcer ainsi les auteurs d'augmenter mon rôle au détriment de ceux de mes camarades !... et ces mensonges, colportés avec empressement au milieu du mécontentement bien naturel qu'avait causé l'ajournement de la première représentation, trouvèrent malheureusement de l'écho dans le public.

« Jugez, Monsieur, de ce que j'ai dû ressentir quand au milieu de murmures et de marques d'improbation que je ne croyais pas avoir méritées, mais contre lesquelles, pénétrée de mes devoirs envers le public, je m'efforçais de m'armer de patience et de courage, j'entendis adresser *à la femme* des injures que vous m'approuverez de ne pas répéter ici. Alors, je l'avoue, je crus à l'existence du complot dont on m'avait menacée pendant le cours même de la représentation, car la dernière lettre anonyme m'était arrivée jusque dans ma loge à huit heures. Alors je ne fus plus maîtresse de mon émotion. Alors je me crus autorisée à quitter la scène, et je dis, non pas au public, non pas même aux auteurs des injures que j'entendais, mais au directeur, à M. Gustave Vaëz et à plusieurs abonnés, qui, du fond de leur loge, m'invitaient à reprendre courage : « Mais vous entendez qu'on m'insulte ! C'est intolérable ! Je suis brisée ! »

« Telle est, Monsieur, l'entière, l'exacte vérité sur un incident dont plusieurs journaux ont bien reconnu et apprécié les causes, mais que d'autres ont compris et jugé différemment. Ma surprise a été grande, je m'empresse de le déclarer, quand j'ai appris que les paroles que je viens de rapporter, et qui, je le répète, ne s'adressaient nullement au parterre, ont été prises pour un oubli de mes devoirs envers le public, pour une violation des convenances envers les AA. RR. qui honoraient la représentation de leur présence !

« Ai-je donc besoin de protester contre une pareille intention ? Les paroles même que je regrette d'avoir prononcées trop haut, puisqu'elles n'étaient nullement adressées au public, peuvent-elles laisser à cet égard la moindre incertitude?

« Aidez-moi, je vous prie, Monsieur le Rédacteur, à repousser, par la publicité de cette déclaration, une accusation que je ne me pardonnerais pas d'avoir méritée.

« On m'assure également qu'après le second acte, quelques personnes, celles sans doute qui avaient déjà cru devoir insulter une femme, s'étaient plu à répandre contre moi de nouveaux bruits aussi absurdes qu'odieusement inventés. Après m'avoir accusée, il y a quelques jours, d'avoir voulu enlever à Mlle Nau un air sur lequel je n'avais jamais eu la moindre prétention, ils ont poursuivi leur fable, et, après le second acte, il s'est trouvé des gens capables d'affirmer que je venais d'avoir avec Mlle Nau une altercation violente suivie de cris de rage!... d'injures et de voies de fait, et que Mlle Nau ne pourrait pas reparaître au troisième acte ! La vérité est qu'à la fin du second je m'étais, en effet, précipitée vers Mlle Nau, mais pour la soustraire à la chute du rideau, qui avait failli lui tomber sur la tête.

« Pardonnez-moi, Monsieur, de rappeler de pareilles calomnies auxquelles je n'aurais voulu opposer que le silence du dédain ; mais l'odieux même de ce genre d'attaques, pratiqué pendant le cours de la représentation, en présence du public qu'on voulait exciter contre moi, peut donner une idée de celles que je devais attendre d'ennemis que je savais capables de pareilles manœuvres et de l'indignation qu'avaient dû me causer leurs injures.

« Recevez, etc.

« Rosina Stoltz. »

Tout ceci démontre donc que, pour unique et sérieuse défense, l'artiste, quelque puisse être son talent, ou sa réputation, doit exclusivement se reposer sur sa conscience, sur le fruit de ses études, et sur son travail.

Ce doit être là sa principale vengeance, sa seule satisfaction ; et si, de loin en loin, il rencontre une amitié sincère et désintéressée, il peut en être heureux et fier, car il remporte alors une grande, une véritable victoire.

VI

CONCLUSION.

Les jeunes artistes qui veulent prendre la carrière théâtrale, peuvent maintenant conclure, comme moi et avec moi, s'ils ont bien suivi l'enchaînement des idées développées dans ce livre, qu'ils doivent puiser leur force morale dans le travail.

Ils doivent chercher à sauvegarder leurs intérêts, car leur talent, bien que n'étant pas toujours lucratif en commençant, leur créera néanmoins des.ressources suffisantes, s'ils ont des idées d'ordre, d'économie, et si en toutes choses ils s'attachent à suivre la ligne droite.

Ils se rappelleront qu'un acte ou un contrat quelconque ne doit jamais se signer avec un bandeau sur les yeux, si ce n'est quand on a l'intention de ne pas remplir fidèlement son mandat.

Ils sauront aussi, qu'ils doivent accepter le revers de la médaille et les tribulations artistiques dont j'ai esquissé le tableau, comme autant de conséquences inhérentes à la carrière qu'ils ont entreprise, et que dès lors, il faut courageusement en prendre son parti, pour arriver à pouvoir vivre honorablement et honnètement de son art et de son intelligence.

Obtenir du succès par de petits moyens, c'est se préparer des tribulations nouvelles pour l'avenir; alors on finit par se décourager, et enfin, on en est amené, comme il y en a tant,

à ne pouvoir échapper aux cruelles étreintes de
la misère.

En dépensant une belle jeunesse dans les
plaisirs, on arrive bien vite à une vieillesse qui
ne laisse que d'amers regrets.

Donc, j'en reviens une dernière fois à ceci.
Le travail persévérant peut seul donner le
courage de supporter les tribulations, et les
épreuves, auxquelles l'artiste est fatalement
soumis : il appartient en quelque sorte à tout
le monde, et il se doit toujours à son public.

« La société, dit de Lamartine, est au premier venu, quand ce premier venu se dévoue à
elle, et non à lui-même; voilà la loi de la conscience, quand il n'y a plus que la conscience
pour loi. »

Il devrait en être de même au théâtre, pour
l'artiste qui se dévoue à son art : si le public ne
le comprend pas ainsi, l'artiste ne doit pas
attiédir son zèle; il a pour lui sa conscience.....

Ici s'arrête la tâche que je me suis imposée. J'ai voulu écrire pour les jeunes artistes, parce que la jeunesse est la vie en scène, et que c'est aussi le génie en fleur. J'ai voulu leur donner un aperçu des dangers qu'ils peuvent rencontrer sur leur route, et en même temps leur indiquer les moyens de les éviter ; car dans le bien comme dans le mal, il n'y a de grand que ce qui est entier.

Quand à la protection qui leur est si nécessaire pour se créer un bel avenir, même à l'aide d'un bon enseignement, j'espère que ma voix, quoique bien humble, sera entendue en haut lieu.

J'espère surtout, et c'est là le plus cher de mes vœux, j'espère, dis-je, que dans l'intérêt de l'Art, on prendra acte des encourageantes paroles du Ministre de l'Instruction publique, dans son dernier rapport sur l'état de l'enseignement primaire en 1865, où il est dit : « Chaque année la France jette aux quatre vents, deux cent vingt millions de fumée ; elle trouvera bien quelques millions à dépenser, non pas pour un plaisir douteux, mais pour un profit certain. »

Maintenant j'ai dit, pour le moment, tout ce que j'avais à dire; je puis donc faire autrement que Plutarque, et *finir par la fin*, en ajoutant comme Nicolas Machiavel à son ami, le diplomate Vettori :

« *Tardo non furon mai grazie divine!*
« Les grâces du Ciel ne so font jamais attendre! »

FIN.

TABLE ANALYTIQUE DES MATIÈRES.

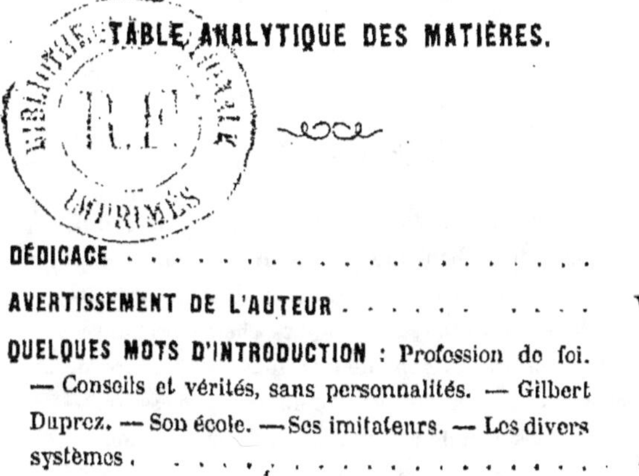

I

Nécessité d'être musicien pour devenir chanteur.

Destin des chanteurs qui ne sont pas musiciens. — Le
choriste et le premier sujet. — Les chanteurs improvisés. — L'enseignement du chant dans les Conservatoires de Musique. — Bulletin du Ministre de l'Instruction publique, S. E. Mʳ Duruy. — Fragments du

IV

Causes de la décadence de l'Art du Chant.

V

Revers de la Médaille.

VI

Conclusion.

FIN DE LA TABLE DES MATIÈRES.

ERRATA:

Page 187, au lieu de : *A travers Champs* lisez : *A travers
Chants.*